Eberhard Kolb

BISMARCK

Verlag C.H.Beck

2. Auflage. 2014

Originalausgabe
© Verlag C.H.Beck oHG, München 2009
Gesamtherstellung: Druckerei C.H.Beck, Nördlingen
Umschlagabbildung: ullstein bild – Keystone
Umschlagentwurf: Uwe Göbel, München
Printed in Germany
ISBN 978 3 406 56276 1

www.beck.de

Inhalt

I. Junge Jahre eines altmärkischen Junkers
(1815–1847)

Kaum eine Bismarck-Biographie verzichtet darauf, die komplexe Persönlichkeit des Reichsgründers auf die unterschiedlichen Erbanlagen zurückzuführen, die ihm durch ein höchst ungleiches Elternpaar zuteil wurden. Der Vater Ferdinand von Bismarck entstammte dem altmärkischen Uradel. Die dem Ritterstand angehörende Familie, stolz darauf, schon vor den Hohenzollern in der Mark Brandenburg ansässig gewesen zu sein, hatte das Leben von Landedelleuten geführt und dem preußischen Staat seit Jahrhunderten Offiziere gestellt, aber keine großen Begabungen hervorgebracht. Ferdinand war fünfunddreißig Jahre alt, als er in Preußens Unglücksjahr 1806 die kaum siebzehnjährige Louise Wilhelmine Mencken zum Traualtar in der Potsdamer Garnisonskirche führte. Ihr Vater, ein hochangesehener Beamter, hatte drei preußischen Königen als enger Mitarbeiter gedient, zunächst als Kabinettssekretär, dann als Kabinettsrat; neben Beamten zählte er auch namhafte Gelehrte zu seinen Vorfahren. Altersunterschied, soziale Herkunft, Bildungsgrad und lebensweltliche Prägungen machten Ferdinand und Louise Wilhelmine von Bismarck zu einem recht inhomogenen Paar, das menschlich nicht gut miteinander harmonierte; als glücklich wird man diese Ehe kaum bezeichnen können. Doch es bleibt reine Spekulation, auf die divergenten Erbteile zu verweisen, um Bismarcks widersprüchliche Persönlichkeit plausibel zu erklären oder gar zu postulieren, die Gegensätze der unterschiedlichen Elternteile hätten ihn zu einer «problematischen Natur» gemacht. Gegenüber derartigen Deutungen empfiehlt sich Vorsicht – schon allein aufgrund der Tatsache, daß Bismarcks älterer Bruder Bernhard, mit denselben Erbanlagen ausgestattet, eine nicht aus dem Rahmen fallende Karriere als Gutsherr und Beamter (Landrat) gemacht hat.

Ferdinand und Louise Wilhelmine von Bismarck hatten sechs Kinder. Drei starben im frühen Kindesalter, die anderen drei – neben Otto der 1810 geborene Bernhard und die 1827 geborene Malwine – überschritten alle das achtzigste Lebensjahr – wie der Vater das siebzigste (die Mutter erlag knapp fünfzigjährig einem Krebsleiden). Otto von Bismarck ist am 1. April 1815 in Schönhausen geboren, dem rund fünfzig Kilometer nördlich von Magdeburg nahe dem rechten Elbufer gelegenen Stammsitz der väterlichen Familie. Aber nicht hier in Schönhausen, sondern in Hinterpommern verlebte der jüngere der beiden Söhne seine Kindheitsjahre, denn durch den Tod eines Vetters erbten die Eltern die Rittergüter Kniephof, Jarchelin und Külz im Kreis Naugard (nordöstlich von Stettin) und verlegten im Frühjahr 1816 den Wohnsitz der Familie von Schönhausen auf das Gut Kniephof. Von dort aus bewirtschafteten sie die drei Rittergüter, während Schönhausen verpachtet wurde.

Bismarck ist später nicht müde geworden, Kniephof als das Paradies seiner Kindheit zu preisen. Im herrlichen Park des Gutshauses keimte seine lebenslange Liebe zum Wald und zu den Bäumen. Doch die paradiesischen Jahre in Kniephof dauerten nicht lange. Im Alter von sechs Jahren mußte er die ländliche Idylle mit der fernen Residenzstadt vertauschen: Die Eltern gaben ihn in eine Schülerpension in Berlin, in der bereits der ältere Bruder Bernhard untergebracht war. In der Plamannschen Anstalt, in der vorwiegend Söhne des ostelbischen Landadels ihre Schulbildung erhielten, herrschte ein patriotischer Geist, der Franzosenhaß und Turnertum mit straffer Disziplinierung verband. Von einem «künstlichen Spartanertum» hat Bismarck später gesprochen. An die sechs Jahre, die er in dieser Erziehungsanstalt verbrachte, hat er sich sein Leben lang mit Erbitterung und Abscheu erinnert. 1864 äußerte er zu einem engen Mitarbeiter: «Meine Kindheit hat man mir in der Plamannschen Anstalt verdorben, die mir wie ein Zuchthaus vorkam.» Seiner Mutter hat er es sehr verdacht, daß sie ausgerechnet im Juli und August auf ihre Badereise ging und die Söhne deshalb nicht einmal die Ferienwochen im geliebten Kniephof verbringen durften. Nach Auflösung der Plamannschen Anstalt 1827 besuchten die beiden jungen Bismarcks das Gymnasium, zunächst das Friedrich-Wilhelm-Gymnasium in der Friedrichstraße (1827–1830), dann Otto das Gymnasium zum Grauen Kloster in der Klosterstraße (1830–1832). In diesen Jahren bewohnten die beiden eine Wohnung in Berlin, welche die Eltern gemietet hatten und in der sie selbst die Wintermonate verbrachten. Waren die Eltern nicht in Berlin, wurden Otto und Bernhard von einer Haushälterin betreut, die man aus Schönhausen hergeholt hatte, während tüchtige junge Hauslehrer die Aufsicht führten und sich vor allem um die fremdsprachlichen Fertigkeiten ihrer Zöglinge bemühten. In diesen Jahren erwarb Bismarck seine – später vielbewunderte – Fähigkeit, perfekt Französisch und fließend Englisch zu sprechen.

Seinen Konfirmandenunterricht erhielt Bismarck vom berühmten Theologen Schleiermacher. Dieser scheint ihn allerdings nicht übermäßig beeindruckt zu haben; er war, wie man gesagt hat, Bismarcks Lehrer, dieser aber nicht sein Schüler. Nach der Einsegnung (Ostern 1830) war seine Entwicklung zur Skepsis gegenüber Theologie und Gottesglauben nicht mehr aufzuhalten. Noch nicht siebzehnjährig bestand Bismarck an Ostern 1832 das Abitur und konnte jetzt die Universität beziehen.

Am liebsten wäre er an die Universität Heidelberg gegangen. Aber seine Mutter war dagegen, weil sie befürchtete, ihr Sohn könne sich dort das von ihr verabscheute Biertrinken angewöhnen. So fiel die Wahl auf Göttingen, die Hochschule des jungen Adels, der sich auf den Staatsdienst vorbereiten wollte. Anfang Mai 1832 immatrikulierte sich Bismarck als Student der Rechte und der Staatswissenschaften, wenige Wochen später trat er der – überwiegend bürgerlichen – Landsmannschaft Hannovera bei. Bismarcks drei Göttinger Semester sind von Legenden umrankt, doch authentische Zeugnisse sind spärlich. Zweifellos erlebte er diese Zeit als Befreiung von der bisher erduldeten Bevormundung. Der hochaufgeschossene und überschlanke Siebzehnjährige mit dichtem hellblondem Haar und einem Gesicht voller Sommersprossen tauchte begeistert in ein ausgelassenes studentisches Leben und Treiben ein, mit Trinkgelagen und Schuldenmachen, provozierendem Gebaren und Karzerstrafen.

Intensiv engagierte sich Bismarck in seinem Corps und brillierte auf dem Fechtboden. Seinem Bruder berichtete er im Januar 1833, seit Michaeli sei er vierzehnmal auf der Mensur gestanden und habe «fast immer meinen Gegner glänzend abgeführt. Wenigstens bin ich nur das eine Mal blutig getroffen.» Nicht nur ein gewandter Fechter war der junge Bismarck, sondern auch ein ausdauernder Reiter, ein guter Schwimmer und ein begehrter Tänzer – nur gegen das Turnen legte er, aufgrund der leidvollen Erfahrungen in der Plamannschen Anstalt, eine tiefe Abneigung an den Tag.

Zum Vorlesungsbesuch gibt es nur wenige Angaben. Am Fachstudium scheint er kaum Interesse gehabt zu haben; die einzige Vorlesung, die er eifrig besuchte, war die des Historikers Arnold Heeren über das europäische Staatensystem. Auf die Frage, was er studiere, war seine Antwort: «Diplomatie.» Nach drei Göttinger Semestern wechselte Bismarck im Winter 1832/33 für drei weitere Semester an die Universität Berlin. Die meistzitierten Zeugnisse aus dieser Zeit sind seine Briefe an den Göttinger Corpsbruder Gustav Scharlach, abgefaßt in jenem schnoddrigburschikosen, von bissiger Selbstironie bis zu sprühendem Sarkasmus reichenden Ton, der im Milieu des studentischen Verbindungswesens gepflegt wurde – dies gilt es zu berücksichtigen, wenn man aus diesen Briefen Rückschlüsse auf Wesensart und Befindlichkeit des jungen Bismarck ziehen will. Das von ihm in diesen Briefen gezeichnete kraftmeierische Selbstbild enthüllt nur die eine Seite. Es gab eine andere Seite. Er war ein aufgeweckter, belesener junger Mann, der die Oper besuchte, viel französisch und englisch sprach, sich routiniert in Berlins aristokratischen Zirkeln bewegte, vor allem im großen Kreis verwandter oder befreundeter Familien, und der zu echter Freundschaft fähig war. Die engsten Gefährten der Berliner Studienzeit, der baltische Aristokrat Graf Alexander Keyserling und der Amerikaner John L. Motley, wurden zu Lebensfreunden. Motley, später amerikanischer Botschafter in Wien und London, ließ in seinem Jugendroman «Morton's Hope» (1839) Bismarck in der Figur eines Otto von Rabenmark auftreten: «Auf der Kneipe und auf der Straße treibt er es toll; auf seinem

Zimmer, inmitten der Pfeifen und Silhouetten, wirft er die Narrenmaske ab und redet mit Morton ‹vernünftig›.»

Höchst erstaunlich ist indessen, daß wir keinerlei Zeugnisse besitzen über die damalige politische Gesinnung Bismarcks, dessen späteres Leben ganz in der Politik aufging. Nach der französischen Julirevolution 1830 kam es auch in vielen deutschen Staaten zu innenpolitischen Konflikten, die im Hambacher Fest (Mai 1832) und im Frankfurter Wachensturm (April 1833) gipfelten; liberale und konservative Tendenzen gewannen immer deutlichere Konturen. Den jungen Bismarck scheinen diese Auseinandersetzungen innerlich nicht berührt zu haben.

Wenn er sein juristisches Studium auch mehr lässig als eifrig betrieben hat – im Mai 1835, zum frühestmöglichen Termin, bestand Bismarck die «Auskultatorprüfung», wie man damals das Erste juristische Staatsexamen nannte, mit «Recht gut» in Erklärung des Corpus iuris und «Hinreichend» in Rechtstheorie. Wenige Wochen zuvor hatte er seinen zwanzigsten Geburtstag gefeiert.

Zielstrebig, die Diplomatenlaufbahn fest im Blick, begann Bismarck die weitere Ausbildung – doch bald sollten die Dinge einen anderen Lauf nehmen. Zunächst aber durchlief er als «Auskultator» die üblichen Stationen am Berliner Kammergericht und als Protokollführer beim Stadtgericht. Seinem Göttinger Studienfreund Scharlach berichtete er, er lebe leidlich zufrieden; von morgens acht bis abends acht sei er fleißig, ziehe sich dann um und gehe in Gesellschaft. «Ich bin zwar fortwährend exzessiv verliebt, wechsele aber häufig den Gegenstand meiner Neigung.» Zugleich klagte er über pekuniäre Unannehmlichkeiten, seine «Alten» seien in dieser Beziehung unduldsam, so komme es, daß er zwei sehr drückende Posten in Göttingen immer noch nicht bezahlt habe.

Noch ehe das erste Jahr der Referendarzeit um war, entschloß sich Bismarck, von der Justiz zur Verwaltung überzutreten. Er hatte nämlich erfahren, daß der preußische Außenminister keine hohe Meinung von der Eignung ostelbischer Junker fürs diplomatische Geschäft habe; die Verwaltung schien eine günstigere Ausgangsposition für eine Bewerbung zu bieten als die Justiz. So richtete er im Januar 1836 ein Gesuch an den Aachener Regierungspräsidenten, das erforderliche Examen in Aachen ablegen zu dürfen – auf ein rheinisches Präsidium fiel die Wahl, weil der Kursus dort kürzer war als in den alten Provinzen. Das Gesuch wurde bewilligt. Die beiden Prüfungsarbeiten schrieb Bismarck im Frühjahr 1836 in Schönhausen. Von dort ließ er Freund Scharlach wissen: «Du würdest über mich lachen, wenn Du jetzt bei mir wärest. Seit vollen vier Wochen sitze ich hier in einem verwunschenen Schlosse, mit Spitzbogen und vier Fuß dicken Mauern, einigen dreißig Zimmern wovon zwei möbliert, prächtigen Damastdecken, deren Farbe an wenigen Fetzen noch zu erkennen ist, Ratten in Masse, Kamine, in denen der Wind heult … Dabei bin ich nie so zufrieden gewesen wie hier; ich schlafe nur sechs Stunden und finde große Freude am Studieren, zwei Dinge, die ich lange Zeit für unmöglich hielt.» Die beiden Prüfungsarbeiten wurden mit «Sehr gut» und «Gelungen» bewertet, in der mündlichen Prüfung gab es das Prädikat «sehr gut befähigt». Anfang Juli 1836 erfolgte die Vereidigung und die Beförderung zum Regierungsreferendar. Damit konnte Bismarck den Dienst am Regierungspräsidium Aachen aufnehmen.

Doch das mondäne Bad mit Gästen aus aller Welt bot dem lebenshungrigen jungen Mann nicht nur zahlreiche Möglichkeiten zur Zerstreuung, sondern auch handfeste Verlockungen. Besonders wohl fühlte sich der ostelbische Junker im Kreis aristokratischer englischer Gäste, wobei den Hauptanziehungspunkt für ihn die jungen Ladies bildeten. Ein erstes Techtelmechtel war bald zu Ende, da sich herausstellte, daß die Dame ihre familiären Verhältnisse allzu sehr geschönt hatte. Doch dann wurde es ernst. Der Zweiundzwanzigjährige entflammte in leidenschaftlicher Zuneigung zu einer siebzehnjährigen Britin «von blondem Haar und seltener Schönheit», Isabella Loraine Smith aus englischem Landadel. Hals über Kopf stürzte sich Bismarck in eine stürmische Affäre, in der er viel aufs Spiel setzte, auch seine berufliche Zukunft. Um die Angebetete mit ihrer Familie auf deren Deutschlandreise begleiten zu können, erbat er einen längeren Urlaub. Von Juli bis September 1837 war er unterwegs und überschritt dabei den erteilten Urlaub, ohne um eine Verlängerung nachzusuchen. Wie er diese Monate stärkster innerer Erregung durchlebt hat – darüber wissen wir kaum etwas. Freund Karl Friedrich von Savigny erhielt Ende August einen Brief aus Frankfurt; darin sprach Bismarck von «meiner Familie (ein Ausdruck, den ich vorläufig Ihrer Verschwiegenheit empfehle)» und kündigte die definitive Verehelichung für März zu Scarsdale in Leicestershire an. Vom beabsichtigten Hochzeitstermin im Frühjahr erfuhr auch Scharlach Mitte September aus Straßburg. Weshalb die Verbindung in die Brüche ging, ist unbekannt. Ernst Engelberg hält es für möglich, daß es am Ende finanzielle Überlegungen waren, die gegen eine Eheschließung sprachen. Zweifellos stark verharmlosend hat Bismarck das berauschende, aber kostspielige Abenteuer seinem Freund Scharlach gut sieben Jahre später in eher humoristischer Manier geschildert: Die bildschöne Engländerin habe ihn dazu verleitet, monatelang in ihrem Kielwasser zu fahren. «Ich nötigte sie endlich zum Beilegen, sie strich die Flagge, doch nach zweimonatlichem Besitz ward mir die Prise von einem einarmigen Obristen mit fünfzig Jahren, vier Pferden und 15 000 rl. Revenüen wieder abgejagt. Arm im Beutel, krank am Herzen, kehrte ich nach Pommern heim.» So war es: Ende September trat Bismarck die Heimreise an – allein, aber belastet durch einen ungeheuren Schuldenberg, denn am Spieltisch in Wiesbaden hatte er horrende Summen verspielt («über 1700 Taler, die zu andern Zwecken bestimmt waren»).

Da er sich in Aachen unmöglich gemacht hatte und dort auch von Gläubigern verfolgt wurde, beantragte er die Versetzung ans Regierungspräsidium Potsdam, die auch gewährt wurde. Wie der Aachener Regierungspräsident mit feiner Ironie schrieb, sollte ihm ermöglicht werden, «zu einer angestrengteren Tätigkeit in den Amtsgeschäften zurückzukehren, nach welcher Sie bei den gesellschaftlichen Verhältnissen in Aachen vergeblich strebten».

Die Tätigkeit in Potsdam war nur von kurzer Dauer. Zum einen trat Bismarck jetzt seinen lange hinausgezögerten Militärdienst an (bei den Gardejägern), zum andern reifte im Sommer 1838 sein Entschluß, aus dem Staatsdienst auszuscheiden und ein Leben in Freiheit als Gutsherr zu führen. Einer Kusine, die ihn beschworen hatte, im Staatsdienst zu bleiben, legte er wortreich die Gründe dar, die ihn zu seinem Entschluß bewogen hätten. In dem seitenlangen Schreiben beteuerte er, von Hause aus sage ihm «die Natur der Geschäfte und die dienstliche Stellung unserer Staatsdiener» nicht zu, sein Ehrgeiz strebe mehr danach zu befehlen, als zu gehorchen, er wolle Musik machen, wie er sie für gut erkenne, oder gar keine. Zudem sei er überzeugt, «daß, vom rein materiellen Standpunkt aus betrachtet, ich meine Tätigkeit vorteilhafter in der Landwirtschaft als im Staatsdienst verwerte». Den wichtigsten, vielleicht den eigentlichen Grund für seine Entscheidung verschwieg er, auch gegenüber dem Vater (der eine Abschrift dieses Briefes erhielt): Mit dem Gehalt eines Staatsdieners würde er nicht in der Lage sein, den drückenden Schuldenberg abtragen zu können. Das schien eher möglich, wenn nach Sanierung der schlecht verwalteten väterlichen Güter die Landwirtschaft satte Gewinne abwarf.

Daher kam Bismarck im Spätsommer 1838 um Beurlaubung ein, und wenn er die förmliche Entlassung aus dem Staatsdienst auch erst im Oktober 1839 beantragte, so war die Entscheidung doch im Sommer/Herbst 1838 gefallen: Ferdinand von Bismarck überließ seinen beiden Söhnen die pommerschen Güter auf ihr künftiges Erbteil, er selbst nahm mit der zwölfjährigen Tochter Malwine seinen Wohnsitz in Schönhausen (die schwerkranke Mutter suchte ärztliche Hilfe in Berlin und erlag dort am 1. Januar 1839 ihrem Krebsleiden).

Etwa zwei Jahre lang leiteten die beiden Brüder von Kniephof aus die Güter gemeinsam, zusammen rund 550 Hektar Ackerland, Wiesen oder Weiden, Wälder und Wasserflächen, für pommersche Verhältnisse allerdings nicht übertrieben viel. Als Bernhard 1841 zum Landrat des Kreises Naugard gewählt wurde, in die Kreisstadt zog und heiratete, wurde eine Teilung vorgenommen: Bernhard übernahm Külz, Otto erhielt Kniephof und Jarchelin. Er wurde auch Kreisdeputierter und vertrat in dieser Funktion mehrfach den Landrat, ferner wurde er zum ritterschaftlichen Abgeordneten im pommerschen Provinziallandtag gewählt.

Über dem immer wieder genüßlich ausgemalten Bild vom «tollen Bismarck» der pommerschen Jahre darf nicht übersehen werden, daß der nun als Landwirt Tätige sich rasch und konzentriert in agrarische Fragen eingearbeitet hat, sich kundig machte über Bodenqualitäten und Wertverhältnisse von Gütern, aktuelle landwirtschaftliche Fachliteratur konsultierte, in agrarischen Gesellschaften aktiv war und Grundsätze moderner betriebswirtschaftlicher Führung praktizierte, bei strikter Beschränkung von Ausgaben und persönlichem Aufwand. So gelang es, die heruntergekommenen Güter in relativ kurzer Zeit wieder in die Höhe zu bringen und sie – wenn auch immer noch verschuldet – gewinnbringend zu bewirtschaften. Daneben hat Bismarck in diesen Jahren viel gelesen, Goethe, Schiller und Jean Paul sowie zeitgenössische Lyrik von Uhland bis Heine und philosophische Schriften (Spinoza vor allem, die Junghegelianer, David Friedrich Strauß). Häufig vertiefte er sich in die Atlanten und Spezialkarten, die er in großer Zahl besaß. Bei aller Verwurzelung in einer bestimmten Tradition des preußischen Landadels reichten sein geistiger Radius und seine Interessen weit über das Niveau seiner Standesgenossen hinaus.

Vergeblich warb er 1841/42 um die Hand der Gutsbesitzerstochter Ottilie von Puttkamer auf Pansin. Ihre Mutter wies die Werbung in kränkender Weise zurück, und die Tochter beugte sich allzu willig dem mütterlichen Geheiß – für Bismarcks Selbstwertgefühl ein schwerer Schlag, den er durch eine mehrmonatige Reise nach Schottland, England, Frankreich und die Schweiz zu kompensieren suchte. «Halb und halb geheilt» kehrte er zurück, wie er einen Freund wissen ließ; ihm seien «die Freiersfüße gänzlich erfroren, und ich kann mir gar nicht denken, wie das Wesen beschaffen sein müßte, welches mich in Versuchung führen sollte, mich um ihre Hand zu bewerben …»

Solange es darum ging, die pommerschen Güter zu sanieren und zu wirtschaftlichem Erfolg zu führen, fand Bismarck Genügen an der Tätigkeit als Gutsherr und genoß den lebhaften gesellschaftlichen Verkehr im Kreis der pommerschen Standesgenossen mit Bällen, Theateraufführungen, Teenachmittagen und sonstigen Unternehmungen. Doch als das Ziel einer wirtschaft-

lichen Konsolidierung erreicht war, wurde ihm der Wirkungskreis zu eng, es stellte sich tiefe Unzufriedenheit mit dem Land-
junkerdasein ein. Gegenüber Scharlach klagte er über «eine an
Lebensüberdruß grenzende Gelangweiltheit durch alles, was
mich umgibt»; er «treibe willenlos auf dem Strom des Lebens
ohne anderes Steuer als die Neigung des Augenblickes, und es ist
mir ziemlich gleichgültig, wo er mich ans Land wirft». Ausdruck
dieser von schwermütigen Stimmungen begleiteten Orientie-
rungslosigkeit war der Antrag auf Wiederaufnahme in den Vor-
bereitungsdienst beim Potsdamer Regierungspräsidenten (April
1844). Der Antrag wurde bewilligt, allerdings mit einem frosti-
gen Zusatz, in dem auf den mangelnden Eifer bei der früheren
Beschäftigung hingewiesen wurde. Am 3. Mai trat Bismarck den
Dienst an, schon zwei Wochen später erbat er einen kurzen Urlaub wegen der schweren Erkrankung seiner Schwägerin – und
aus diesem Urlaub kehrte er nicht in den Dienst zurück, wie einst
in Aachen! Er habe «die Leute und die Geschäfte grade so schaal
und unersprießlich gefunden wie früher», so zu Scharlach. Es
war deutlich: Bismarck befand sich in einer tiefen Lebenskrise.

Ein vorläufiger Ausweg aus der existentiellen Krise eröffnete
sich, als Bismarck in nähere Berührung mit dem Kreis pommer-
scher Pietisten kam, der sich um Adolf von Thadden auf Trieg-
laff gruppierte und dem auch Bismarcks Schulkamerad Moritz
von Blanckenburg angehörte, der mit Thaddens Tochter Marie
verlobt war. Der in diesem Kreis herrschende Geist kritikloser
Bibelgläubigkeit und einer gefühlsbetonten ständigen Suche
nach dem Sichtbarwerden der Hand Gottes im täglichen Leben
war Bismarck allerdings fremd, aber ihn beeindruckte, wie diese
Menschen das Wort Gottes zur Richtschnur ihres Sinnens und
Handelns nahmen. Zwar nervte ihn der stürmische Bekehrungs-
eifer seines Freundes Moritz von Blanckenburg, der ihn mit
geistlichen Briefen bombardierte; doch mit dessen Verlobter
Marie sprach er ausführlich über Religion und Christentum.
Dabei entwickelte sich eine intensive freundschaftliche Beziehung, ja Liebe, die nicht nur unerfüllt, sondern sogar unausge-
sprochen bleiben mußte. Bismarck hat den pietistischen Lebensstil nicht übernommen und sich auch nicht zu einem dogmatisch

starren Christentum bekehrt, «aber er hat den Glauben an einen persönlichen Gott, an ein Jenseits und an die christliche Heilslehre wiedergewonnen.» (Arnold Oskar Meyer)

Bei der Hochzeitsfeier von Moritz von Blanckenburg und Marie von Thadden im Oktober 1844 begegnete Bismarck erstmals seiner späteren Frau; Marie hatte ihn ihrer zwanzigjährigen Freundin Johanna von Puttkamer als Tischherrn zugeteilt. Die beiden sahen sich in der Folgezeit gelegentlich auf dem Blanckenburgschen Gute Kardemin, ohne sich jedoch näherzukommen.

Das Jahr 1845 brachte einen Einschnitt in Bismarcks Leben. Vierundsiebzigjährig starb der Vater, und die Söhne teilten sich das Erbe. Bernhard bekam zu Külz jetzt Jarchelin hinzu, Otto zu Kniephof das väterliche Schönhausen, wohin er im folgenden Jahr übersiedelte (Kniephof verpachtete er). Nun lebte er also wieder auf dem Stammsitz der Familie in der Altmark, und er war von vornherein fest entschlossen, im neuen Wirkungskreis eine Rolle zu spielen. Rasch gelang es ihm, den Deichhauptmann, der bei einem großen Elbhochwasser versagt hatte, aus der Stellung zu verdrängen; er selbst übernahm diese Funktion – es war sein erstes selbständiges öffentliches Amt. Ferner ließ er sich zum Stellvertreter des ritterschaftlichen Abgeordneten im sächsischen Provinziallandtag wählen, und auch das Amt des Landrats im Kreis Jerichow schien in Reichweite. Darüber hinaus schaltete sich Bismarck nun in überregionale ständische Aktivitäten ein, nämlich in die Auseinandersetzungen um die Neugestaltung der Patrimonialgerichtsbarkeit. Heftig antibürokratisch eingestellt, machte er sich stark für die Bewahrung gutsherrlicher Selbständigkeit und wandte sich dezidiert gegen die von der Regierung angestrebte Ausweitung staatlicher Befugnisse. Bei diesen Verhandlungen kooperierte er eng mit einflußreichen konservativen Standesgenossen, insbesondere mit dem Präsidenten des Magdeburger Oberlandesgerichts Ernst Ludwig von Gerlach, der – mit Adolf von Thadden verschwägert – als Speerspitze der preußischen Konservativen agierte. Die Perspektiven, die sich mit all diesen Aktivitäten verbanden, scheint Bismarck als so zukunftsträchtig eingeschätzt zu haben, daß er 1846 ein an ihn herangetragenes Angebot zum Wiedereintritt in den Staatsdienst (in respektabler Position: Kommissarius bei Meliorationsarbeiten in Ostpreußen) abschlägig beschieden hat, obwohl ihm sein Bruder zuredete, auf das Angebot einzugehen.

Wie ein Blitz traf ihn Ende Oktober 1846 die Nachricht von einer lebensgefährlichen Erkrankung der geliebten Marie von Blanckenburg; ihr Tod Anfang November erschütterte ihn tief. Der Schwester Malwine bekannte er: «Es ist eigentlich das erste Mal, daß ich jemand durch den Tod verliere, der mir nahestand und dessen Scheiden eine große und unerwartete Lücke in meinen Lebenskreis reißt. Der Verlust der Eltern steht in einer anderen Kategorie; er ist nach dem Lauf der Natur vorauszusehen.»

Noch in den Sommerwochen vor ihrem plötzlichen Tod hatte Marie eine Harzreise ihres Freundeskreises organisiert, bei der sich eine fröhliche Gruppe junger Leute romantischem Landschaftsgenuß hingab, mit Mondscheinnächten, Mendelssohnschen Liedern und religiösen Disputen. Mit von der Partie waren Bismarck und Johanna von Puttkamer, die auf dieser Reise Gefallen aneinander fanden. Die zweiundzwanzigjährige Johanna war wie Marie fromm und doch lebenszugewandt: «Ihre Gesichtszüge waren nicht regelmäßig schön, aber durch sprechende blaue Augen eigentümlich belebt und von tiefschwarzem Haar umschattet», so beschreibt sie Bismarcks späterer Mitarbeiter Robert von Keudell, mit dem die musikalisch begabte Johanna damals gelegentlich gemeinsam musizierte. Einen Monat nach Maries Tod trafen sich Bismarck und Johanna wieder im Blanckenburgschen Haus, und bei dieser Begegnung wurden sie sich einig, den Bund fürs Leben zu schließen. Dabei waren allerdings Hindernisse zu überwinden, denn die pietistischen Eltern Johannas waren keineswegs entzückt beim Gedanken an einen Schwiegersohn Bismarck, von dem sie «viel Übles und wenig Gutes» gehört hatten. Kurz vor Weihnachten 1846 brachte Bismarck sein erstes diplomatisches Schriftstück zu Papier, den vielzitierten langen Werbebrief an Heinrich von Puttkamer, ein Schlüsseldokument Bismarckschen Wesens. Klug auf die Mentalität des Empfängers abgestimmt, ließ Bismarck in «rückhaltloser Offenheit» und geschliffener Diktion sein bisheriges Leben Revue passieren, um am Schluß zu bemerken, er könne kaum eine ohne Weiteres günstige Entscheidung auf seinen Antrag erwarten, er bitte aber darum, ihm Gelegenheit zu geben, «mich über solche Gründe, die Sie zu einer abschlägigen Antwort bestimmen können, meinerseits zu erklären, ehe Sie eine definitive Ablehnung aussprechen». Herr von Puttkamer reagierte zurückhaltend auf den Werbebrief, aber Bismarck kämpfte jetzt mit ganzem Einsatz. Kurzentschlossen reiste er Anfang Januar nach Reinfeld ins hinterste Hinterpommern – und binnen weniger Stunden war die Verlobung perfekt. Seiner Schwester Malwine telegrafierte er am 12. Januar die zwei Worte: «All right», und seinem Bruder schrieb er kurz darauf: «Ich fand dort keine ungünstige Stimmung, aber Neigung zu weit aussehenden Verhandlungen, und wer weiß, welchen Weg diese genommen hätten, wenn ich nicht durch eine entschlossene accolade [Umarmung] meiner Braut, gleich beim ersten Anblick ihrer, die Sache zum sprachlosen Staunen der Eltern in ein anderes Stadium gerückt hätte, in welchem binnen fünf Minuten alles in Richtigkeit geriet.» Und er fuhr fort: «Im übrigen glaube ich ein großes und nicht mehr gehofftes Glück gemacht zu haben, indem ich, ganz kaltblütig gesprochen, eine Frau von seltnem Geist und seltnem Adel der Gesinnung heirate; dabei liebenswürdig sehr und facile à vivre, wie ich nie ein Frauenzimmer gekannt habe.» Tatsächlich fand Bismarck in Johanna eine Frau, wie er sie brauchte: Sie war ihm ein Leben lang treu, organisierte mit Geschick das häusliche Umfeld, war den Kindern eine umsichtig sorgende Mutter und vor allem: sie identifizierte sich bedingungslos mit ihres Gatten Auffassungen, Entscheidungen und Vorgehensweisen; seine Freunde waren ihre Freunde, seine Feinde ihre Feinde.

Lange Jahre hat Bismarcks Dasein im Zeichen eines hohen Maßes an Unsicherheit und Unstetigkeit bei der Suche nach der ihm gemäßen Lebensform gestanden. Jetzt, mit der Verlobung und den weiteren Ereignissen des Jahres 1847, begann ein neuer Lebensabschnitt, der ihm die Chance bot, seine innere und äußere Existenz auf eine stabile Grundlage zu stellen und den aufgestauten Hunger nach Wirksamkeit zu befriedigen.

II. Vom Gutsherrn zum Politiker
(1847–1851)

1847 darf mit Fug und Recht als Schlüsseljahr der Bismarckschen Existenz bezeichnet werden. Zum einen legte die Verlobung mit Johanna von Puttkamer, der im Juli die Hochzeit folgte,
ein stabiles Fundament für sein persönliches Leben. Zum andern
betrat er durch den Eintritt in den Vereinigten Landtag die politische Bühne und fand so den ihm gemäßen Wirkungskreis. Damit endete die Zeit unsteten Suchens nach einer Existenz, der
frustrierende Zustand der Bindungs- und Perspektivlosigkeit.

Von der Verlobung war bereits die Rede. Ende Januar 1847
brach Bismarck von Reinfeld auf, um in Schönhausen beim er-
warteten Eisgang der Elbe seines Amtes als Deichhauptmann zu
walten. Zu diesem Zeitpunkt stand im Mittelpunkt des allgemeinen Interesses die von König Friedrich Wilhelm IV. angekündigte
Einberufung eines «Vereinigten Landtags», eines Ständeparla-
ments, zusammengesetzt aus den Mitgliedern aller Provinzial-
landtage, eine Versammlung von rund sechshundert Männern
(unter ihnen auch Bismarcks väterlicher Freund Adolf von Thadden und sein Schwiegervater Heinrich von Puttkamer).

Bismarck wollte unbedingt Mitglied des Vereinigten Landtags
werden. Die Aussichten dafür waren allerdings zunächst nicht
günstig, da er im sächsischen Provinziallandtag lediglich als
Stellvertreter fungierte. Nichts ließ Bismarck unversucht, um zu
erreichen, daß einer der ritterschaftlichen sächsischen Abgeordneten auf die Mitgliedschaft verzichtete und so der Stellvertreter
zum Zuge kommen würde. Aber diese Bemühungen führten
nicht zum Erfolg. Am 11. April eröffnete der König den Vereinigten Landtag ohne einen Abgeordneten Bismarck. Erst als eine
schwere Erkrankung den Abgeordneten von Brauchitsch zur
Niederlegung seines Mandats zwang, trat Bismarck an dessen
Stelle Anfang Mai – als jüngstes Mitglied – in den Landtag ein.

Daß ihm schließlich doch noch das Mandat zufiel, war also ein Zufall, und man darf deshalb einen Augenblick lang spekulieren, wie sich Bismarcks weiterer Lebensweg wohl gestaltet hätte, wenn ihm der Vereinigte Landtag nicht als Sprungbrett zu einer steilen politischen Karriere gedient hätte. Wäre er dann – trotz seines Ehrgeizes und Gestaltungswillens – ein Landedelmann geblieben? Zufall hin, Zufall her – Bismarck hat etwas daraus gemacht. Als der Landtag im Juni geschlossen wurde, war der bis dahin nicht über sein lokales Umfeld hinausgetretene altmärkische Junker ein in ganz Preußen bekannter Mann, mit dem scharfkantigen Profil eines bedingungslosen Vorkämpfers der Krone, der Prototyp eines ultrakonservativen Heißsporns.

Schon wenige Tage nach seinem Eintritt in den Vereinigten Landtag hatte der Benjamin des Hauses seinen ersten großen Auftritt, der einen Tumult auslöste. Ein liberaler Abgeordneter hatte die Forderung nach einer geschriebenen Verfassung für Preußen auch damit begründet, daß die Volkserhebung gegen die napoleonische Fremdherrschaft 1813 nicht zuletzt durch die Hoffnung auf eine Verfassung motiviert gewesen sei. Der 1815 geborene parlamentarische Neuling Bismarck fühlte sich gedrängt, diese Aussage über die Motive des Kampfes gegen Napoleon zu «berichtigen». Unter wiederholtem «Murren» im Plenum erklärte er: es heiße der Nationalehre einen schlechten Dienst erweisen, wenn man annehme, «daß die Mißhandlung und Erniedrigung, die die Preußen durch einen fremden Gewalthaber erlitten, nicht hinreichend gewesen seien, ihr Blut in Wallung zu bringen und durch den Haß gegen die Fremdlinge alle anderen Gefühle übertäubt werden zu lassen (Großer Lärm)». Auf die Verwahrung einiger Abgeordneter gegen eine solche einseitige Interpretation des Freiheitskriegs erwiderte Bismarck mit einem starken Schuß Ironie, sein Bedauern, die Zeit der Erhebung nicht selbst erlebt zu haben, werde vermindert durch die soeben empfangene Aufklärung über die damalige Bewegung: «Ich habe immer geglaubt, daß die Knechtschaft, gegen die damals gekämpft wurde, im Auslande gelegen habe; soeben bin ich belehrt, daß sie im Inlande gelegen hat, und ich bin dankbar für diese Aufklärung.» Das war er schon, der ganze

Bismarck! Mit waghalsiger Kühnheit stürzte er sich auf die politischen Gegner, provozierte sie sowohl durch die schneidende Schärfe seiner Rede als auch durch kühle Ironie und beißenden Spott, mit denen er sie abfertigte. Nach dieser Rede nahm die ganze liberale Presse den dreisten Junker voll Entrüstung ins Visier und machte aus ihm eine Figur, die halb Schreckgespenst, halb lächerlicher Popanz war.

Trotz hoher Fistelstimme und einer etwas stockenden, das treffende Wort suchenden Redeweise war Bismarck ein glänzender Redner voll Bildkraft und Anschaulichkeit der Sprache, wobei die Ausführungen immer wieder durch witzige oder sarkastische Bemerkungen garniert wurden, die Heiterkeit hervorriefen. Selbst diejenigen, die nicht zustimmten, lauschten ihm gebannt. Sehr viel später, 1868, hat Friedrich Nietzsche nach der Lektüre von Bismarck-Reden in einem Brief an seinen Freund Gersdorff bemerkt: «Unmäßiges Vergnügen bereitet mir Bismarck, ich lese seine Reden, als ob ich starken Wein trinke: ich halte die Zunge an, daß sie nicht zu schnell trinkt und daß ich den Genuß recht lange habe.»

Da talentierte Redner in den Reihen der Konservativen dünn gesät waren, vermochte sich der junge Abgeordnete durch weitere Reden sowie durch eifrige Kontaktpflege rasch ins vorderste Glied seiner «Fraktion» zu manövrieren. Mitte Juni, als er einige Tage nicht an den Verhandlungen hatte teilnehmen können, registrierte er mit Genugtuung, «daß meine bei einigen Gelegenheiten hervorgetretene Bissigkeit gegen die Lügen der Opposition, die mit schönen Worten böse Werke verdeckt, soviel Eindruck gemacht hatte, daß meine Abwesenheit wenigstens aufgefallen war, was unter 600 schon viel ist».

Seine wohl wichtigste Rede auf dem Landtag hielt Bismarck Ende Juni zum Gesetzentwurf über die Judenemanzipation, der Juden den Zugang zu öffentlichen Ämtern eröffnen sollte. Die liberale Gruppierung begrüßte diesen Gesetzentwurf, Bismarck lehnte ihn als Sprecher der Konservativen ab. Ironisch meinte er, er gehöre einer als «finster und mittelalterlich» perhorreszierten Richtung an, die noch an den mit der Muttermilch eingesogenen Vorurteilen klebe. Seine Rede wurde zu einem flammenden Plädoyer für den christlichen Staat, dessen Aufgabe es sei, «die Lehre des Christentums zu realisieren». Er sei kein Feind der Juden, bemerkte er, und er gönne ihnen alle Rechte, «nur nicht das, in einem christlichen Staate ein obrigkeitliches Amt zu bekleiden». Außer diesem besäßen die Juden aber bereits alle staatsbürgerlichen Rechte. Deshalb solle es beim Status quo bleiben. Der Gesetzentwurf wurde tatsächlich nicht verabschiedet.

In den Wochen des Vereinigten Landtags entdeckte Bismarck sich selbst als einen begabten politischen Kämpfer, der sich mit Lust ins Getümmel stürzte und sich als Parteimann profilierte, als wortgewaltiger Advokat des ländlichen Adels und der traditionellen ständisch-monarchischen Ordnung. Als der Vereinigte Landtag Ende Juni 1847 aufgelöst wurde, verließ ihn der Zweiunddreißigjährige – wie Lothar Gall formuliert – «mit dem Ruf eines erzreaktionären Junkers, eines Mannes, der bei aller äußeren Wortgewandtheit und Geschicklichkeit geradezu die Karikatur einer völlig rückwärtsgewandten, ‹mittelalterlichen› Existenz sei».

Bismarck betrachtete sein Engagement im Vereinigten Landtag offenkundig nicht als einmalige Episode, sondern er beabsichtigte, weiterhin politisch aktiv zu sein. Das geht daraus hervor, daß er sich nach Auflösung des Landtags um die Gründung einer konservativen Zeitschrift bemühte. Das Programm, das er entwickelte, nannte als wichtigste Leitideen die «Erhaltung der Unabhängigkeit des preußischen Königtums» sowie die «Förderung der Entwicklung der ständischen Freiheit und Selbständigkeit». Die Verhandlungen und die Suche nach Geldgebern zogen sich bis in den Januar 1848 hin, ohne zu einem positiven Resultat zu führen.

In den Frühjahrs- und Sommermonaten des Jahres 1847 stand Bismarck unter einer immensen inneren Hochspannung. Denn er befand sich nicht nur im Kampfgewühl des Vereinigten Landtags, sondern er war auch ein jung Verlobter, dessen weit entfernte Braut häufig kränkelte und gelegentlich von schwermütigen Stimmungen heimgesucht wurde, so daß er in ständiger Sorge um sie lebte und sich Vorwürfe machte, ihr nicht nahe sein zu können. Doch die damaligen Verkehrsverhältnisse er-

laubten es nicht, daß er von Berlin nach Reinfeld im abgelegen-
sten Teil Hinterpommerns reiste, wenn er nicht Sitzungen des
Landtags versäumen wollte, und das wollte er nicht. Zwischen
Februar und Anfang Juli verbrachten die Verlobten nur im April
einige gemeinsame Tage in Reinfeld, die übrige Zeit waren sie
getrennt. Dieser Trennung verdanken wir Bismarcks Braut-
briefe, die seit ihrem Bekanntwerden Ende der 1860er Jahre
zum festen Bestand großer deutscher Prosa gehören. In diesen
über dreißig «Plauderbriefen», wie er sie nannte, entfaltete Bismarck ein sprachliches Feuerwerk, bei dem sich ernste und hei-
tere Töne die Waage halten. Er gibt plastische Situations- und
Charakterschilderungen, er zeichnet Natur- und Landschaftsbilder, berichtet über seine politischen Kämpfe, geht auf reli-
giöse Themen ein, und vor allem bekundet er wieder und wieder
seine Liebe zu Johanna und seine Sehnsucht nach ihr. Daher
sind diese Briefe auch eine ständige Werbung um die Braut nach
der einmaligen bei ihrem Vater. Und bis an sein Lebensende ist
Bismarck nicht müde geworden, zum Ausdruck zu bringen,
wieviel ihm Johanna und die Ehe mit ihr bedeutete. «Ich fürchte,
ich würde nichts werden, was Gott gefällt, wenn ich Dich nicht
hätte. Du bist mein Anker an der guten Seite des Ufers; reißt der,
so sei Gott meiner Seele gnädig.» So im Januar 1851.

Im Juli 1847 begab sich Bismarck nach Reinfeld. Ihm lag
daran, daß die Hochzeit möglichst bald stattfinden würde. Das
Einverständnis dazu hatte er dem Schwiegervater, wie er Abgeordneter auf dem Landtag, abgerungen. So fand am 28. Juli die
Trauung in der Dorfkirche zu Altkolziglow im Kaschubenland
statt, danach fuhren die Jungvermählten über Kniephof nach
Schönhausen. Dort konnte sich Johanna einige Tage mit ihrem
neuen Hause vertraut machen, und dann ging es auf eine ausge-
dehnte Hochzeitsreise, für Johanna war es die erste große Reise
ihres Lebens. Sie führte die beiden über Dresden, Prag, Wien,
Salzburg, Meran nach Venedig. Dort kam es, eher zufällig, zu
einer Begegnung zwischen Bismarck und dem preußischen König, der dem Jungpolitiker seine Befriedigung über dessen Auftreten im Landtag aussprach. Die Rückreise ging durch die
Schweiz und die Rheinlande. Anfang Oktober trafen die beiden

wieder in Schönhausen ein. Wie sollte es nun weitergehen? Es war der unerwartete Ausbruch der Märzrevolution, der für Bismarcks Wirken völlig neue Perspektiven eröffnete.

Zunächst allerdings schien es so, als ob Bismarcks eben erst verheißungsvoll begonnene politische Laufbahn durch die Berliner Ereignisse des 17./18. März ein abruptes Ende finden würde, denn in der neuen politischen Ordnung konnte der als erzreaktionär und ultraroyalistisch abgestempelte Junker schwerlich eine herausragende Rolle spielen. Doch schon bald zeigte sich, daß die Märzrevolution für ihn einen Glücksfall bedeutete. Durch den Verlauf der Ereignisse einerseits, durch die Art und Weise seines Agierens andererseits fand er binnen eines Jahres auf die politische Bühne zurück und sicherte sich einen Platz in der vordersten Reihe der konservativen Gegner der Revolution.

Den Sieg der Berliner Barrikadenkämpfer zu akzeptieren, war Bismarck nicht bereit. Als er von den Vorgängen am 17./18. März erfuhr, wollte er in einer ersten spontanen Reaktion mit den Schönhauser Bauern nach Berlin ziehen, entschied sich dann aber, allein nach Potsdam zu reisen, wo er die Generale zu überzeugen suchte, sie müßten in eigener Verantwortung zur militärischen Aktion schreiten, weil der König in seiner Berliner Residenz der Handlungsfreiheit beraubt sei. Schließlich bemühte er sich sogar, allerdings vergeblich, zum König selbst vorzudringen. Die sich über mehrere Tage hinziehenden Sondierungen wegen einer gegenrevolutionären militärischen Aktion endeten am 25. März, als der König überraschend in Potsdam erschien und vor dem Offizierskorps der Gardetruppen eine Rede hielt, in der er vor einem militärischen Schlag gegen die Revolution warnte und beteuerte, er sei niemals freier und sicherer gewesen als jetzt unter dem Schutz der Berliner Bürger. Zwei Tage später berief er das «Märzministerium» Camphausen-Hansemann.

Damit war ein Schlußstrich unter den Plan einer militärischen Gegenaktion gezogen. Für Bismarck jedoch, der in diesen Tagen als nützlicher Kundschafter höherrangiger Persönlichkeiten unterwegs war, hatte die Episode bleibende Folgen, nämlich die Todfeindschaft der Prinzessin Augusta, Gattin des Kronprinzen Wilhelm und spätere Kaiserin. Was bei ihrer Begegnung am

23. März tatsächlich verhandelt wurde, läßt sich nicht sicher sagen. Die aus späterer Zeit stammenden Zeugnisse der beiden Gesprächspartner widersprechen sich. Nach seiner Version wollte Bismarck von der Prinzessin den Aufenthaltsort des Kronprinzen erfahren, um den als energisch eingeschätzten präsumtiven Thronerben zur Aktion zu treiben. Statt einer Auskunft auf diese Frage habe er, Bismarck, von der Prinzessin die Überlegung gehört, der König und ihr Gatte, der Kronprinz, sollten zugunsten ihres noch minderjährigen Sohnes Friedrich Wilhelm abdanken, für den sie selbst die Regentschaft übernehmen würde. Davon ist in Augustas viele Jahre später niedergeschriebener Aufzeichnung nicht die Rede, sondern von einem illoyalen, fast hochverräterischem Auftreten des altmärkischen Junkers. Wie dem auch sei: Seit diesem Tag begegnete Augusta Bismarck mit leidenschaftlichem Haß, was für diesen eine schwere Belastung darstellte, als er an die Spitze der Regierung getreten war.

Desillusioniert und resigniert kehrte Bismarck Ende März nach Schönhausen zurück. Einen flammenden Aufruf Ludwig von Gerlachs zur Sammlung und Offensive der gegenrevolutionären Kräfte wollte er nur mit dem Zusatz «keine Reaction und Bereitschaft zu Opfern» unterzeichnen (zur Veröffentlichung des Aufrufs kam es nicht), und höchst unzufrieden war der Bannerträger der Hochkonservativen auch mit Bismarcks Auftreten auf dem Zweiten Vereinigten Landtag, der Anfang April zusammentrat. Zwar zählte Bismarck zu den wenigen, die gegen die Adresse an den König stimmten (weil darin Freude und Dank für das in den letzten Tagen Geschehene ausgesprochen wurde), aber er brachte in seiner kurzen Rede nicht vor, was ihm Ludwig von Gerlach aufgetragen hatte. Mit wachem Realismus, der sich von dem schroffen Doktrinarismus des zwanzig Jahre Älteren unterschied, akzeptierte er, «durch die Gewalt der Umstände gezwungen», eine Situation, die er nicht ändern konnte, und stimmte in schlichten Worten eine Totenklage auf das alte Preußen an: «Die Vergangenheit ist begraben, und ich bedaure es schmerzlicher als viele von Ihnen, daß keine menschliche Macht imstande ist, sie wiederzuerwecken, nachdem die Krone selbst die Erde auf ihren Sarg geworfen hat.» Mit der Auflösung des

Landtags wenige Tage später endete vorläufig Bismarcks Abge-
ordnetentätigkeit. An eine Kandidatur bei der Wahl zur Frankfurter Nationalversammlung dachte er keinen Augenblick, und
die Aussicht, ein Mandat für die preußische Nationalversammlung zu gewinnen, war so schlecht, daß er entsprechende Anstrengungen erst gar nicht unternahm.

Ohne Möglichkeit, auf den Gang der Dinge wirklich Einfluß
zu nehmen, verbrachte Bismarck die Sommer- und Herbstwo-
chen in Reinfeld – abwartend, aber nicht völlig passiv. Vor allem auf zwei Feldern wurde er in diesen Monaten aktiv, in der
Presseagitation und bei der Organisierung einer Interessenver-
tretung der Großgrundbesitzer.

Als sich seit Ende März, nach der Aufhebung der Pressezen-
sur, eine Flut von Zeitungen, Zeitschriften und Broschüren über
das Land ergoß, standen die Konservativen ohne ein eigenes
Presseorgan da; Bismarcks Anlauf im Vorjahr hatte ja zu keinem
Ergebnis geführt. Um die Schaffung einer konservativen Tages-
zeitung auf Aktienbasis bemühte sich seit April eine Gruppe um
Ludwig von Gerlach und den als Chefredakteur vorgesehenen
Hermann Wagener. Zum eigentlichen Gründerkreis gehörte Bismarck nicht (Gerlach trug ihm anscheinend das in seinen Augen
zu matte Auftreten auf dem «Sterbe-Landtag» nach), aber als
die «Neue Preußische Zeitung», allgemein «Kreuzzeitung» genannt, ab 4. Juli regelmäßig zu erscheinen begann, wurde er ein
eifriger Mitarbeiter des Blattes, das in der Wahl der Mittel, mit
denen die politischen Gegner bekämpft wurden, keine Zimper-
lichkeit an den Tag legte. Bismarcks in bissigem, nicht selten ag-
gressivem und verletzenden Ton verfaßte Artikel sind (wie damals üblich) ohne Verfasserangabe erschienen; daher läßt sich
nur in einzelnen Fällen seine Verfasserschaft nachweisen.

Im Juli konferierte Bismarck in Reinfeld mit einigen Standesgenossen, und dabei faßte man den Entschluß, eine Versammlung der Konservativen aller preußischen Provinzen einzuberu-
fen sowie einen Verein zur Verteidigung der materiellen Interessen des Großgrundbesitzes zu gründen. Diese Initiative bildete
den Ausgangspunkt für den Zusammentritt des sogenannten
«Junkerparlaments». Es tagte, besucht von etwa 400 Landadli-

gen und einem Dutzend Bauern, am 18. und 19. August in Berlin und artikulierte öffentlichkeitswirksam die Vorstellungen und Interessen der konservativen Gutsbesitzer. Bismarck nahm intensiv Anteil an den Verhandlungen im Plenum und in den Ausschüssen; besonders starken Eindruck hinterließ seine Rede zur Grundsteuerfrage. Mit dem Verlauf der Versammlung durfte er zufrieden sein, zumal er nun unter seinen Standesgenossen noch bekannter war als schon bisher. Zwei Tage nach Beendigung des Junkerparlaments wurde in Schönhausen das erste Kind der Bismarcks geboren, die Tochter Marie.

Hatte Bismarck in den Sommermonaten als Agitator und Organisator gewirkt, so erweiterte er seit September seinen Aktionsradius, indem er in Kontakt mit Hofkreisen trat. Nach der Niederwerfung des Wiener Oktoberaufstands durch die österreichische Armee witterten überall die antirevolutionären Kräfte Morgenluft, auch in Preußen. Die Konservativen, die das Kabinett Pfuel bekämpft hatten, waren nun am Ziel. Nach Pfuels Rücktritt berief Friedrich Wilhelm IV. ein «Ministerium der rettenden Tat» mit dem General Graf Brandenburg an der Spitze und dem energischen Otto von Manteuffel als Innenminister. Und dieses Kabinett der Gegenrevolution schritt unverzüglich zur Tat: Am 9. November wurde die preußische Nationalversammlung nach Brandenburg verlegt und bis 27. November vertagt, am 10. November rückte General von Wrangel mit seinen Truppen in Berlin ein, am 14. November wurde das Kriegsrecht über die Hauptstadt verhängt, am 5. Dezember verfügte der König die Auflösung der Nationalversammlung, einen Tag später oktroyierte er die «Verfassungsurkunde für den preußischen Staat» und ordnete die Wahl der beiden in der Verfassung vorgesehenen Kammern an, die am 26. Februar 1849 zusammentreten und die Verfassung revidieren sollten. Der Staatsstreich war damit eine vollendete Tatsache.

Schon im Vorfeld des Staatsstreichs und dann in den entscheidenden Tagen war Bismarck rastlos unterwegs. Er sei, so schrieb er seinem Bruder Anfang Dezember, «wie ein Perpendikel zwischen hier (Schönhausen) und Berlin, Potsdam und Brandenburg hin und her gegangen». Er fungierte in diesen Wochen als der «sehr tätige und intelligente Adjutant» der «Kamarilla». So bezeichnete sich der kleine Personenkreis um die Brüder Gerlach selbst: eine hinter den Kulissen als eine Art Nebenregierung operierende Gruppe, die den oft schwankenden und unberechenbaren König unablässig zur massiven gegenrevolutionären Aktion drängte, schließlich mit Erfolg.

Zum inneren Kreis der Kamarilla gehörte Bismarck nicht, er war tatsächlich der umtriebige Adjutant. Aber wenn er auch nicht im vordersten Glied agierte und sich auf Vermittlungstätigkeit konzentrierte, so stand sein Name doch auf einer im Schloß umlaufenden Liste möglicher Ministerkandidaten. Aber weil ihm zu sehr der Ruf eines reaktionären Scharfmachers anhaftete, soll der König hinter Bismarcks Namen vermerkt haben: «Nur zu brauchen, wo das Bajonett schrankenlos waltet.»

Von vornherein war Bismarck fest entschlossen, sich um ein Mandat für den neuen Landtag zu bemühen. Im Kreis Jerichow, in dem Schönhausen lag, erschien eine Kandidatur aussichtslos, deshalb kandidierte er im Kreis Westhavelland mit der Stadt Brandenburg gegen den dort sehr populären Oberbürgermeister. Mit Feuereifer stürzte er sich in den Wahlkampf. Mit knapper Mehrheit gewählt, zog er in die Zweite Kammer ein, die am 6. Februar vom König feierlich im Weißen Saal des Schlosses eröffnet wurde. Damit kehrte Bismarck auf die parlamentarische Bühne zurück, und für mehr als zwei Jahre blieb sein Leben an die parlamentarische Tätigkeit gebunden. Die Zeit als Abgeordneter stellt also keine bloße Episode in seinem Leben dar. Wie sehr er jetzt die Politik als seinen Beruf betrachtete, kommt auch darin zum Ausdruck, daß er im Sommer 1849 den Gutsbetrieb in Schönhausen verpachtete (das schloßähnliche Gutshaus behielt die Familie jedoch vorläufig als Wohnsitz).

Das im Januar/Februar 1849 gewählte Abgeordnetenhaus hatte nur eine kurze Lebensdauer. Als der von der Linken eingebrachte Antrag, den Belagerungszustand in Berlin aufzuheben, angenommen wurde und die Regierung damit eine schwere Schlappe erlitt, löste der König den Landtag am 27. April auf. Wenige Tage zuvor hatte Bismarck eine vielbeachtete Rede gehalten, in der er schonungslos mit dem Werk der Paulskirche abrechnete. Die von Bismarck vertretene äußerste Rechte verwarf die Annahme der Paulskirchenverfassung ebenso entschieden, wie sie die Kaiserkrone für Friedrich Wilhelm IV. ablehnte. Brüsk erklärte Bismarck: «Die deutsche Einheit will ein jeder, den man danach fragt, sobald er nur deutsch spricht; mit dieser Verfassung aber will ich sie nicht … Die Frankfurter Krone mag sehr glänzend sein, aber das Gold, welches dem Glanze Wahrheit verleiht, soll erst durch das Einschmelzen der preußischen Krone gewonnen werden, und ich habe kein Vertrauen, daß der Umguß mit der Form *dieser* Verfassung gelingen werde.» In der deutschen Frage hatte sich Bismarck damit klar positioniert: Wenn ein deutscher Nationalstaat nur mit weitgehenden preußischen Konzessionen erkauft werden konnte, dann sollte Preußen lieber Preußen bleiben.

Im Juli wurde ein neuer Landtag gewählt, bereits nach dem Dreiklassenwahlrecht, das der König Ende Mai durch Notverordnung oktroyiert hatte. Weil die Demokraten die Wahl boykottierten, erzielten die Konservativen ein über Erwarten gutes Ergebnis. Bismarck konnte sein Mandat behaupten, allerdings mit Mühe, denn selbst manchen Konservativen war er zu kompromißlos in seiner Haltung. Er selbst berichtete Johanna von der in Brandenburg umlaufenden Losung: «Ja, wir sind conservativ, sehr, aber nicht Bismarcksch.» Die neue Zweite Kammer hatte sich mit der Revision der oktroyierten Verfassung zu beschäftigen; die im Dezember angenommene revidierte Fassung bedeutete eine «Rückwärtsrevision auf der Grundlage eines konservativ-rechtsliberalen Kompromisses» (Ernst Rudolf Huber). Doch im Zentrum des allgemeinen Interesses stand weiterhin die deutsche Frage, denn nach dem Scheitern der Paulskirche hatte die preußische Führung eine deutschlandpolitische Offensive eingeleitet, deren Ziel die Schaffung eines deutschen Bundesstaates ohne die Habsburgermonarchie war. Dieser vor allem vom vertrauten Ratgeber des Königs Joseph-Maria von Radowitz initiierten «Unionspolitik» begegneten die Konservativen von Anfang an mit stärksten Vorbehalten, gerade auch Bismarck, für den der preußische Königsstaat das Maß aller Dinge war. Mit schneidender Schärfe urteilte er über Radowitz:

«Le mauvais génie de la Prusse ... Er hat Unglück mit allem, was er anrührt.» Auf einem Albumblatt für den Staatsrechtler Friedrich Julius Stahl, den Cheftheoretiker der Konservativen, trug er damals die Zeilen ein: «Darum ist unsere Losung nicht: Bundesstaat um jeden Preis, sondern Unversehrtheit der preußischen Krone um jeden Preis.»

Aus den Verhandlungen der preußischen Regierung mit den Regierungen der anderen Unionsstaaten ging eine provisorische Verfassung hervor, die ein Unionsreichstag revidieren sollte. Dessen «Volkshaus» wurde im Januar 1850 auf der Basis des Dreiklassenwahlrechts gewählt; Bismarck gewann einen Sitz und wurde Schriftführer. Dieses Unionsparlament tagte vom 20. März bis 25. April 1850 zu Erfurt in der Augustinerkirche, in der einst Luther gepredigt hatte. Wegen der Wahlenthaltung der Demokraten stellte die erbkaiserliche Partei der Paulskirche («Gothaer») die Mehrheit; die Konservativen bildeten nur eine kleine Gruppe, und diese befand sich in einer heiklen Lage. Die Hochkonservativen, Bismarck voran, lehnten die Unionspolitik ab, weil sie darin eine «Mediatisierung Preußens» sahen – doch diese Politik war nun einmal das Projekt des Königs und der Regierung, hinter der sie stehen wollten. So blieb nur der Weg, Vorbehalte vorzubringen (wie das Bismarck in seiner Rede am 15. April tat) und zu hoffen, daß das Projekt von anderer Seite torpediert würde, was dann ja geschah. Ohne positives Ergebnis ging das Erfurter Parlament auseinander. Hellsichtig hatte Bismarck schon im August 1849 gegenüber seiner Frau geäußert: «Die (deutsche) Frage wird überhaupt nicht in unsern Kammern, sondern in der Diplomatie und im Felde entschieden, und alles, was wir darüber schwatzen und beschließen, hat nicht mehr Wert als die Mondscheinbetrachtungen eines sentimentalen Jünglings, der Luftschlösser baut und denkt, daß irgend ein unverhofftes Ereignis ihn zum großen Mann machen werde.»

Bismarck hatte die Wintermonate 1849/50 gemeinsam mit der Familie in Berlin verbracht (wo am 28. Dezember der Sohn Herbert geboren wurde), nun – nach Erfurt – genoß er einen langen Sommer mit der Familie in Schönhausen und Pommern; es war der letzte freie Sommer seiner Mannesjahre. Als sich im

Herbst 1850 die politische Lage zuspitzte, bekannte er: «Ich habe mich seit Erfurt so gar nicht um die Politik ernsthaft bekümmert ...»

Wie sehr Radowitz die preußische Politik in eine Sackgasse manövriert hatte, wurde seit Oktober offenbar. Nachdem das wiedererstarkte Österreich unter Führung des Fürsten Felix Schwarzenberg im Mai 1850 den Deutschen Bund in Frankfurt wiederkonstituiert hatte, machte es nun Front gegen den preußischen Versuch, einen deutschen Bundesstaat unter Ausschluß der Habsburgermonarchie zu schaffen, und dabei war sich Schwarzenberg der russischen Unterstützung sicher, denn für den Zaren bedeutete die Unionspolitik ein Stück «Revolution». Wegen der kurhessischen Frage drohte ein militärischer Zusammenstoß, doch im letzten Augenblick lenkte die preußische Regierung ein; Anfang November wurde Radowitz aus dem Amt des Außenministers gedrängt. Als Bismarck in Reinfeld diese Nachricht erhielt, jubelte er; vor Freude sei er auf seinem Stuhl «rund um den Tisch geritten», schrieb er Wagener. Er begab sich sofort nach Berlin, wo er als unermüdlicher Vermittler zwischen Ministern und Parteien für die Erhaltung des Friedens arbeitete.

Am 29. November unterzeichneten Fürst Schwarzenberg für Österreich und Otto von Manteuffel für Preußen in Olmütz eine «Punktation», durch die Preußen auf die Union verzichtete und sich bereit erklärte, in den Frankfurter Bundestag zurückzukehren, ohne daß Österreich die von der preußischen Seite verlangte Parität bei der Leitung des Deutschen Bundes zusicherte. In einer Geheimklausel verpflichtete sich Preußen zur Demobilisierung seiner Truppen.

Die «Olmützer Punktation» wurde in Preußen nahezu allgemein als eine demütigende politische Niederlage, als eine «Schmach» empfunden. Die Regierung befand sich daher in einer prekären Situation, als sie im Abgeordnetenhaus den Abschluß der Vereinbarung rechtfertigen mußte. Die Sitzung der Zweiten Kammer am 3. Dezember 1850 wurde zur Stunde Bismarcks, und man übertreibt nicht, wenn man sagt, daß sie über seine Laufbahn entschied.

Seine Rede war eine rhetorische Meisterleistung und zugleich

ein taktisch-diplomatisches Bravourstück. Warum führen große
Staaten heutzutage Kriege? fragte er und antwortete mit pak-
kenden Formulierungen: «Die einzige gesunde Grundlage eines
großen Staates, und dadurch unterscheidet er sich wesentlich
von einem kleinen Staate, ist der staatliche Egoismus und nicht
die Romantik, und es ist eines großen Staates nicht würdig, für
eine Sache zu streiten, die nicht seinem eigenen Interesse ange-
hört. Zeigen Sie mir also, meine Herren, ein des Krieges würdi-
ges Ziel …» Es sei leicht, in der Kammer in die Kriegstrompete
zu stoßen und donnernde Reden zu halten «und es dem Muske-
tier, der auf dem Schnee verblutet, zu überlassen, ob sein System
Sieg und Ruhm erwirbt oder nicht. Es ist nichts leichter als das,
aber wehe dem Staatsmann, der sich in dieser Zeit nicht nach
einem Grunde zu Kriegen umsieht, der auch *nach* dem Kriege
noch stichhaltig ist.» Wer genau hinhörte, für den wurden hinter der schroffen Absage an einen Krieg zur Durchsetzung des
Unionsprojekts, mit der er den hochkonservativen Freunden
aus dem Herzen sprach, schon ein anderer Bismarck sichtbar,
der nicht mehr reine Junkerinteressen vertrat, sondern einer auf
die Staatsräson hin orientierten machtstaatlichen Politik das
Wort redete und sich damit bereits ein Stück weit von jener dok-
trinären Prinzipienpolitik entfernte, wie sie im Gerlach-Kreis zu
Hause war. Doch die Konservativen feierten Bismarcks redneri-
schen Erfolg; sie ließen den Text der Rede in 20 000 Exempla-
ren drucken und im ganzen Lande verteilen.

Man wird Bismarcks Olmütz-Rede als die wichtigste seines
Lebens bezeichnen dürfen, denn indem er König und Ministerium in ihrer mißlichen Lage mit ebensoviel Elan wie Virtuosität
beisprang, empfahl er sich für höhere Aufgaben. Ein paar Monate dauerte es allerdings noch. Die ersten Wochen des Jahres
1851 sahen Bismarck in eifriger Tätigkeit. Er hielt vielbeachtete
Landtagsreden, absolvierte zahlreiche Sitzungen, sein Rat in
Personalfragen war gesucht, der Besuch von Hofbällen bot Gelegenheit zu Gesprächen mit dem König. Als im Frühjahr 1851
die Wiederbeschickung der preußischen Bundestagsgesandt-
schaft in Frankfurt akut wurde und man den richtigen Mann
suchte, «der zwischen Konfrontation und zu weitgehender Ko-

operation mit Österreich die Mitte zu halten imstande sein
würde» (Lothar Gall), kam der Name Bismarck auf die Kandi-
datenliste. Ende April akzeptierte der König diesen Vorschlag,
und man verabredete, daß der Neuling im diplomatischen Geschäft zunächst für zwei Monate als «Erster Sekretär» nach
Frankfurt gehen würde, um sich einzuarbeiten; danach würde er
dann zum Bundestagsgesandten ernannt. Als Anfang Mai diese
Personalentscheidung bekannt wurde, war das Erstaunen groß:
Den «augenblicklich wichtigsten Posten» der preußischen Diplomatie (so Bismarck zu Johanna) erhielt weder ein Karrieredi-
plomat noch ein Spitzenbeamter, sondern ein Mann, der sich im
Parlament Verdienste um Krone und Regierung erworben hatte.
Dies kann auch als Zeichen einer neuen Zeit gewertet werden.
Nach zahlreichen Umwegen hatte der inzwischen Sechsunddrei-
ßigjährige erreicht, was ihm als Student vorgeschwebt hatte: er
war Diplomat, und das gleich in einer Spitzenposition.

III. Als Diplomat in Frankfurt, Petersburg, Paris
(1851–1862)

Die elf Jahre als preußischer Gesandter in Frankfurt, St. Petersburg und Paris waren Bismarcks diplomatische Lehr- und Ge-
sellenjahre, in denen er seinen Gesichtskreis erweiterte und eine
Fülle von Erfahrungen auf allen Politikfeldern sammelte, in denen er genaue Vorstellungen von den Interessenlagen der Großmächte und der Mittelstaaten gewann und die wichtigsten politischen Akteure auf der deutschen und der internationalen Szene
persönlich kennenlernte, auch deren Wesenszüge, Ziele und
Ambitionen. Daher war ihm das deutsche wie das europäische
Terrain bestens vertraut, als er im September 1862 an die Spitze
der preußischen Regierung berufen wurde.

Durch die Beauftragung mit der Vertretung Preußens am
Bundestag erhielt Bismarcks Karriere den entscheidenden
Schub. Daß er zunächst als «diplomatischer Säugling» agierte,

dessen war er sich bewußt, doch ihn beflügelte die feste Überzeugung, in der Sache auf solidem Boden zu stehen. «Dieser Boden war das preußische Staatsinteresse nach außen wie nach innen, hier verstanden als die unanfechtbare Legitimität monarchischen Herrschaftsanspruchs bei gleichzeitiger Bindung an die traditionelle Ordnung» (Lothar Gall).

Gleich nach dem Eintreffen in Frankfurt Anfang Mai 1851 stürzte sich Bismarck mit Feuereifer in die Arbeit. Aber er genoß auch in vollen Zügen die ihm bis dahin unbekannte Welt des diplomatischen Betriebs, das gesellschaftliche Leben in Frankfurt mit seiner kosmopolitischen Atmosphäre, die schöne Landschaft an Main und Rhein, die er auf langen Ritten und zahlreichen Ausflügen erkundete. Enthusiastisch schildert er Johanna im Juli einen solchen Ausflug nach Rüdesheim: «Da nahm ich mir einen Kahn, fuhr auf den Rhein hinaus und schwamm im Mondschein, nur Nase und Augen über dem lauen Wasser, bis nach dem Mäuseturm bei Bingen …, vom Strom langsam getrieben, nur den Himmel mit Mond und Sternen und seitwärts die waldigen Berggipfel zu sehn und nichts als das leise Plätschern der eigenen Bewegung zu hören.»

Im Oktober siedelte Johanna mit den Kindern dann nach Frankfurt über, und im Sommer 1852 vergrößerte sich die Familie: Für den am 1. August 1852 geborenen zweiten Sohn Wilhelm (Bill) gewann Bismarck Prinz Wilhelm von Preußen und Ministerpräsident von Manteuffel als Taufpaten. Die knapp acht Frankfurter Jahre waren für die Bismarcks eine Zeit unbeschwerten Familienlebens. Man pflegte im Hause Bismarck einen Lebensstil, in dem Einfachheit, Nonchalance und Weltläufigkeit zu einer unverwechselbaren Mischung verschmolzen. Johanna rühmte damals die «Löwengesundheit» ihres Mannes, der im ersten Jahr am Bundestag nicht weniger als sechzehn Mal mit der Eisenbahn zwischen Frankfurt und Berlin hin- und herreiste (jeweils eine fünfundzwanzigstündige Bahnfahrt), um an den Sitzungen der Zweiten Kammer teilzunehmen, denn auf Wunsch des Königs hatte er sein Mandat beibehalten. Nur ungern sah ihn der König im Herbst 1852 aus der Kammer scheiden. Doch Bismarck blieb weiterhin auf dem laufenden hinsichtlich der innenpolitischen Entwicklung in Preußen, denn seit 1854 war er Mitglied der Ersten Kammer, des Herrenhauses, als Vertreter des «alten und befestigten Grundbesitzes im Herzogtum Stettin».

Später hat Bismarck in einem Rückblick einmal bemerkt: «Angenehm war die Zeit in Frankfurt am Main. Junger Ehemann, gesunde Kinder, drei Monate Urlaub im Jahr. Der Bundestag bedeutete alles in Frankfurt – und dann der Rhein, der Odenwald, Heidelberg.» Also eine uneingeschränkt erfreuliche Zeit für Bismarck, diese Frankfurter Jahre? Ja und Nein. Ein glückliches Ehe- und Familienleben, eine glänzende gesellschaftliche Stellung, unzählige Kontakte zu fürstlichen Herrschaften, Ministern und Diplomaten aller europäischen Staaten – das war das eine. Das andere: Bismarcks politische Stellung blieb schwierig und dornenvoll, denn er befand sich in einem nervenaufreibenden Dauerkonflikt mit der Präsidialmacht Österreich. Als er 1859/60, nach der Frankfurter Zeit, lebensgefährlich erkrankte – davon wird zu sprechen sein –, äußerte er gegenüber dem Außenminister, er sehe «das Ganze als eine Explosion alles des Ärgers an, den ich 8 Jahre hindurch in Frankfurt angesammelt habe, über alle die Dinge, die ich sah, ohne sie ändern zu können».

Die Titelformulierung von Arnold Oskar Meyers Monographie «Bismarcks Kampf mit Österreich am Bundestag» bezeichnet exakt die zentrale Auseinandersetzung, die ihn in all diesen Jahren in Atem hielt. Bismarck war, wie er immer wieder betonte, nicht antiösterreichisch eingestellt, als er nach Frankfurt ging. Er wurde dorthin geschickt, weil er sich als zuverlässiger Gegner der «Revolution» profiliert hatte und wegen seines Auftretens in den Tagen von Olmütz als Anwalt eines gemeinsamen Vorgehens von Preußen und Österreich galt. Daran lag dem König und der Kamarilla. Friedrich Wilhelm IV. tönte, in Deutschland halte nur die Existenz des Bundes Österreichs und Preußens «das wilde Tier grinsend im Käfig» (mit dem «wilden Tier» waren die «Revolution» und die Herrschaft der Liberalen gemeint). Der Wahlspruch von Ludwig von Gerlach, Haupt der Hochkonservativen, lautete: «Hand in Hand mit Österreich.»

War Bismarck bei Aufnahme seiner Tätigkeit in Frankfurt noch davon ausgegangen, zwischen Österreich und Preußen werde ein gütliches Übereinkommen möglich sein, so belehrten ihn schon bald die Erfahrungen am Bundestag eines anderen. Vor, in und nach Olmütz hatten die preußischen Unterhändler – im Endeffekt vergeblich – versucht, der Habsburgermonarchie das Zugeständnis einer Parität bei der Leitung des wiederkonstituierten Deutschen Bundes abzuringen, dergestalt, daß der Vorsitz abwechselnd von Österreich und Preußen geführt wurde. Die Erfolglosigkeit dieser Bemühungen bestimmte die Ausgangslage für die Tätigkeit des preußischen Bundestagsgesandten in Frankfurt. Entgegen Bismarcks Annahme, Österreich werde im Zeichen konservativer Solidarität und der Anerkennung einer Gleichberechtigung Preußens wie vor 1848 zu gemeinsamem Vorgehen am Bundestag bereit sein, zeigte sich rasch, daß Österreich eine wesentlich andere Bundespolitik zu verfolgen gedachte. Unter der Führung von Fürst Schwarzenberg, dem Exponenten einer österreichischen Großmachtpolitik neuen Stils, strebte die Habsburgermonarchie, die 1848/49 am Abgrund gestanden hatte, jetzt die Vorherrschaft in Mitteleuropa an, und mit dieser Zielperspektive sollte auch der Deutsche Bund für die österreichische Hegemonialpolitik instrumentalisiert werden. Konkret hieß das: Vermehrung der Rechte des Präsidiums, also Österreichs, und Ausweitung der Bundeskompetenzen, indem die Zahl der Gegenstände, über die nur einstimmig entschieden werden konnte, verringert würde. Da sich Österreich der Gefolgschaft der meisten deutschen Mittel- und Kleinstaaten sicher war, konnte auf diese Weise Preußen majorisiert und in die Rolle eines Juniorpartners gezwungen werden. Von einem Vetorecht der zweiten Großmacht im Bund, wie es vor 1848 faktisch bestanden hatte, war keine Rede mehr. Bismarck merkte rasch, welche Melodie in Frankfurt gespielt wurde. Gegenüber Minister Manteuffel konstatierte er: Schwarzenberg sei nicht damit zufrieden, die Stellung, welche die Bundesverfassung bis 1848 dem Kaiserstaat verliehen habe, lediglich wieder einzunehmen, sondern er wolle den Umschwung, «durch welchen Österreich dem Untergang nahegebracht war,

als Grundlage für die Verwirklichung weit aussehender Pläne»
benutzen, «analog den Erscheinungen zu Anfang des 30jährigen
Krieges, welche den Kaiser, kurz nachdem er in seiner eigenen
Hofburg nicht sicher gewesen war, zum Herrn Deutschlands
machten». Auch nach Schwarzenbergs plötzlichem Tod im April
1852 blieben unter seinem Nachfolger Graf Buol Zielrichtung
und Stil der österreichischen Politik am Bundestag unverändert.

Preußen als Juniorpartner der Habsburgermonarchie – das
konnte in Berlin nicht akzeptiert werden, und zumal einen so
selbstbewußten und stolzen Preußen wie Bismarck brachte diese
Tendenz in Rage. Er sei, so schrieb er 1855 Manteuffel, gewiß
kein prinzipieller Gegner Österreichs gewesen, als er vor vier
Jahren herkam, «aber ich hätte jeden Tropfen preußischen Blu-
tes verleugnen müssen, wenn ich mir eine auch nur mäßige Vor-
liebe für das Österreich, wie seine gegenwärtigen Machthaber
es verstehen, hätte bewahren wollen». Wenn Bismarck Front
machte gegen die Bestrebungen, Preußen im Bund zu majorisie-
ren, handelte er dabei auf Anweisung aus Berlin. Doch die
Form, in der die Auseinandersetzung ausgetragen wurde, bestimmte er weitgehend selbst.

Bismarck entschied sich für eine Zermürbungstaktik, mit der
er die österreichischen Bundestagsgesandten nervte; es waren in
den acht Jahren ihrer drei: Graf Thun (1850–1853), Freiherr
Prokesch von Osten (1853–1855) und Graf Rechberg (1855–
1859). Als gleichberechtigter Kollege des Präsidialgesandten
auftretend, machte Bismarck bei jeder Gelegenheit Österreich
den Führungsanspruch streitig und zeigte die Grenzen der Bun-
deskompetenz auf. Wie er den Präsidialgesandten gegenüber-
trat, um ihnen die Gleichrangigkeit des preußischen Bundestagsgesandten zu demonstrieren, darüber kursierte manche An-
ekdote.

Weil die Bundestagsmehrheit auf seiten der Präsidialmacht
stand, suchte Bismarck die Geschäfte des Bundes zu behindern
und nahm nicht selten Zuflucht zu einer Politik der Blockade.
Ob es um wichtige Angelegenheiten oder um kleinliche Proto-
kollfragen ging, um jeden Fußbreit Boden kämpfte Bismarck in
einem ständigen Kleinkrieg nicht nur mit großer Energie und

einer nie erlahmenden Beharrlichkeit, sondern auch mit einer meisterhaften Beherrschung und Verwendung aller Handhaben, die ihm Verfassung und Geschäftsordnung des Bundes boten. Der «verdorbene Regierungsreferendar», wie ihn selbst «Onkel» Ludwig von Gerlach einmal tituliert hatte, erwies sich als gewiegter Jurist, dessen Deduktionen und Interpretationen gefürchtet waren. Die Verbissenheit, mit der er für Preußens Gleichrangigkeit kämpfte, fand in Berlin nicht immer Verständnis. Schon 1852 konstatierte er bei einem Berlin-Besuch, man behandle dort «unsere Frankfurter Streitereien ziemlich en bagatelle». Zeitweilig häuften sich in Berlin die Klagen über Ungehörigkeiten des preußischen Bundestagsgesandten. Nach einigen Jahren hatte Bismarck selbst den Eindruck, bei der preußischen Führungsgruppe sei sein Stern im Sinken. Doch auch Gegenteiliges ließ sich registrieren. Mehrfach liefen Gerüchte um, Bismarck werde an die Stelle von Ministerpräsident Manteuffel treten. Derartige Gerüchte entbehrten einer soliden Grundlage, aber sie zeigten doch, daß man den Bundestagsgesandten als einen Mann einschätzte, mit dem auch zukünftig zu rechnen sein würde.

Sosehr sich Bismarck ins Zeug legte, es gelang ihm nicht – und konnte ihm unter den gegebenen Umständen auch nicht gelingen –, die österreichische Präponderanz am Bundestag nachhaltig zu erschüttern und die Anerkennung einer gleichberechtigten Stellung Preußens im Deutschen Bund zu erreichen. Aber immerhin vermochte er einige Male die Absichten der Präsidialmacht zu durchkreuzen. Zu nennen sind vor allem drei Streitfälle. Die von österreichischer Seite gewünschte bundeseinheitliche Pressegesetzgebung, durch die Berlin an die Leine Wiens gelegt werden sollte, kam erst nach endlosen Querelen als für Österreich praktisch wertloses Rahmengesetz zustande. Der Konflikt um die Liquidierung der 1848 ins Leben gerufenen deutschen Flotte endete nach langem Hin und Her mit einem Sieg für Preußen. Am wichtigsten und folgenreichsten war sicherlich der Ausgang der Auseinandersetzung um die handelspolitische Führung in Deutschland. Schwarzenberg verfocht den Plan, durch den Eintritt der habsburgischen Gesamtmonarchie in den von Preußen geführten Zollverein eine mitteleuropäische Zollunion zu schaffen, deren Leitung der – von Österreich dominierte – Deutsche Bund übernehmen sollte, womit der Kaiserstaat auch auf dem Wirtschaftssektor die Vorherrschaft in Deutschland übernehmen würde. Daß dieses österreichische Projekt abgewehrt werden konnte, war nicht alleiniges Verdienst Bismarcks, aber er hat dazu doch nach Kräften beigetragen. Die Aufnahme in den Zollverein blieb Österreich versagt, es kam 1853 lediglich ein Handelsvertrag mit einer Laufzeit von zwölf Jahren zustande. Daß 1854 der um Hannover erweiterte kleindeutsche Zollverein verlängert wurde, war ein bedeutender Sieg Preußens über die Habsburgermonarchie auf dem Feld der Wirtschafts- und Handelspolitik.

Vor eine besondere Bewährungsprobe sah sich der Deutsche Bund gestellt, als 1854 der Krimkrieg ausbrach – der erste europäische Krieg nach dem Wiener Kongreß, ein Krieg übrigens, der – was wenig bekannt ist – mehr als eine halbe Million Menschenleben kostete und damit der weitaus verlustreichste europäische Krieg zwischen 1815 und 1914 war. Der Krieg entstand aus dem Zusammenstoß zwischen Rußland und dem Osmanischen Reich. Zar Nikolaus forderte von der Türkei die Anerkennung des russischen Protektorats über die griechisch-orthodoxen Christen im osmanischen Herrschaftsbereich, und als der Sultan diese «Zumutung» zurückwies, besetzten russische Truppen – ohne Kriegserklärung – im Juli 1853 die Donaufürstentümer Moldau und Walachei (heute Rumänien). Da türkische Proteste ungehört verhallten, erklärte der Sultan im Oktober Rußland den Krieg. England und Frankreich stellten sich umgehend auf die Seite der Türkei und ließen im Januar 1854 ihre Flotten durch Dardanellen und Bosporus ins Schwarze Meer einlaufen (unter Bruch des Meerengenvertrags von 1841); im März 1854 erklärten sie Rußland den Krieg. Die Halbinsel Krim mit der Festung Sewastopol wurde zum Hauptschauplatz des blutigen Ringens.

Österreich, Preußen und der Deutsche Bund standen jetzt vor der Frage, wie sie sich in dem Konflikt verhalten sollten. Innerhalb der Staatsführungen sowohl Österreichs als auch Preußens

kam es zum Meinungsstreit. Während sich in Österreich die
kriegerisch gestimmte Gruppe um Buol durchsetzte, die für
einen Anschluß an die Westmächte eintrat, fand man in Preußen
lange zu keiner einheitlichen Linie. Zwei konkurrierende konservative Fraktionen suchten den schwankenden König auf ihre
Seite zu ziehen. Die Hochkonservativen um die Gerlachs, die
Kreuzzeitungspartei, wirkten zugunsten einer Unterstützung
Rußlands, eine gemäßigt konservative Fraktion, die sich um das
1851 gegründete «Preußische Wochenblatt» gruppierte und
deshalb «Wochenblattpartei» genannt wurde, wollte den König
für einen Anschluß an die Westmächte und ein Bündnis gegen
Rußland gewinnen. Erst nach längeren Auseinandersetzungen
setzte sich die von Ministerpräsident Manteuffel und auch von
Bismarck verfochtene Position unbedingter Neutralität durch.
Für diese Haltung trat Bismarck von Beginn des Konflikts an
mit aller Entschiedenheit ein, denn für ihn war klar, daß es für
Preußen in diesem Krieg nichts zu gewinnen gab. Als er gefragt
wurde, ob er für Rußland oder die Westmächte sei, antwortete
er: «Für Preußen.» Nachdrücklich warnte er davor, sich ins
Schlepptau der Wiener Politik nehmen zu lassen, Manteuffel
schrieb er schon im Februar 1854: «Es würde mich ängstigen,
wenn wir vor dem möglichen Sturm dadurch Schutz suchten,
daß wir unsre schmucke und seefeste Fregatte an das wurmsti-
chige alte Oorlogschiff von Österreich koppelten. Wir sind die
besseren Schwimmer von beiden und jedem ein willkommener
Bundesgenosse.»

Die Österreicher suchten Preußen und dem Deutschen Bund
ihren Kurs des Zusammengehens mit den Westmächten
schmackhaft zu machen. Im April 1854 kam immerhin ein
österreichisch-preußisches Schutz- und Trutzbündnis zustande,
aber mit dem Vertragsabschluß verfolgten beide Staaten entge-
gengesetzte Ziele: Für Preußen war der Vertrag ein Mittel zur
Stärkung seiner Neutralitätspolitik, für Österreich hingegen ein
Mittel im Dienst seiner Interventionspolitik. Diese wurde im
Juni 1854 eingeleitet mit der ultimativen Aufforderung an Rußland, die Donaufürstentümer zu räumen. Nachdem Rußland
der «Sommation», wie man das damals nannte, nachgekommen

war, rückten österreichische Truppen im September in die Donaufürstentümer ein (und in Wien hoffte man, sie endgültig an-
nektieren zu können). Obwohl formal noch neutral, stand
Österreich nun eindeutig im Lager der Westmächte, mit denen
es sich in einem Notenwechsel auf die Bedingungen für einen
Frieden mit Rußland einigte. Die Entscheidungen über die Haltung Preußens wurden in Berlin getroffen. Aber weil die Habsburgermonarchie auch den Deutschen Bund ihrer Politik dienst-
bar machen wollte, war der preußische Bundestagsgesandte in
Frankfurt kein bloßer Zuschauer, sondern ein mithandelnder
Akteur. Als solcher war er gefordert, als sich gegen Ende des
Jahres 1854 die Dinge zuspitzten. Anfang Dezember schloß
Österreich – ohne sich mit Preußen vorher ins Benehmen zu setzen – einen förmlichen Bündnisvertrag mit den Westmächten.
Dieser «Tripel-Allianz» nachträglich beizutreten, lehnte die
preußische Regierung ebenso ab wie die von Österreich geför-
derte Mobilmachung der preußischen Armee. Als Österreich
beim Bundestag die Mobilmachung der Bundeskontingente gegen Rußland beantragte, trat der preußische Bundestagsgesandte in Aktion. Mit Hartnäckigkeit und Geschick brachte
Bismarck im Januar 1855 eine Bundestagsmehrheit gegen den
österreichischen Antrag zusammen. Statt der von Österreich geforderten Mobilmachung gegen Rußland beschloß der Bundestag die Kriegsbereitschaft nach allen Seiten (also auch gegen
Frankreich) – für die Habsburgermonarchie ein wertloser Beschluß. Die Organisierung einer Bundestagsmehrheit gegen den
österreichischen Mobilmachungsantrag war für Bismarck, so
Ernst Rudolf Huber, «der erste große und weithin sichtbare Erfolg seiner diplomatischen Laufbahn; für Preußens deutsche
Politik war die Majorisierung Österreichs im Bundestag ein seit
langem vergeblich erstrebter Triumph». Der Krieg ging weiter,
ohne daß Preußen beteiligt war. Der Fall von Sewastopol (September 1855) machte Rußland friedensbereit, im Januar 1856
beugte es sich einem österreichischen Ultimatum. Im Februar
trat in Paris die Friedenskonferenz zusammen, zu deren Verhandlungen man Preußen erst einige Wochen nach Beginn ein-
lud. Durch den Pariser Friedensvertrag vom 30. März 1856 –

«das wichtigste Dokument des europäischen öffentlichen Rechts seit dem Wiener Kongreß» (Ernst Rudolf Huber) – wurden dem Zarenreich harte Bedingungen auferlegt: Abtretung eines Teils von Bessarabien, Anerkennung der «Freiheit der Donauschiffahrt» und vor allem das für eine Großmacht fast unerträgliche Verbot, an der Schwarzmeerküste Befestigungen anzulegen und im Schwarzen Meer eine Kriegsflotte zu unterhalten.

Der Krimkrieg kann in seiner Bedeutung kaum überschätzt werden. Das seit 1815 und über das Revolutionsjahr 1848/49 hinweg funktionierende Konzert der europäischen Großmächte war aus den Fugen, das Bündnis der drei schwarzen Adler (Rußland, Österreich, Preußen) lag in Trümmern, Österreich hatte das Band, das es jahrzehntelang mit Rußland verbunden hatte, zerschnitten, ohne in Frankreich und Großbritannien verläßliche Verbündete zu finden, alle Mächtebeziehungen gerieten in Fluß. Nicht zuletzt durch den jetzt manifesten russisch-österreichischen Gegensatz verbesserten sich Preußens Chancen in der europäischen Mächtekonstellation.

Aus dem Krimkrieg ging Frankreich erheblich gestärkt hervor, Kaiser Napoleon III. hatte an Prestige sowie an Einfluß auf die Mächtebeziehungen gewonnen. Um so dringlicher stellte sich die Frage, wie es Preußen mit dem napoleonischen Frankreich halten sollte. Das war ein Thema, das Bismarck seit den frühen 1850er Jahren beschäftigte und das ihn zunehmend in Gegensatz zu seinen Freunden von der konservativen Partei brachte, insbesondere zu den Brüdern Gerlach, die ihn in den Anfängen seiner politischen Laufbahn gefördert hatten. Leopold und Ludwig von Gerlach, beide wesentlich älter als er, hatten aus den Befreiungskriegen einen glühenden Haß auf Napoleon mitgebracht. Auch dessen Neffe Louis Bonaparte war für sie die Verkörperung des revolutionären Prinzips, der leibhafte Antichrist. Nach dem Staatsstreich vom Dezember 1851 erklärte Ludwig von Gerlach, mit Louis Bonaparte habe jetzt «das Verbrechen auf dem Throne Frankreichs Platz genommen», während Bismarck kühl bemerkte: «An Kriegsgelüste Bonapartes glaube ich nicht.» Schon früh verhehlte er nicht seine Reserven gegen die antifranzösische Politik der Regierung und gegen den Bonapartehaß im Umkreis der Kamarilla. Dadurch geriet er in den Geruch, ein «Bonapartist» zu sein – darunter verstand man damals den Fürsprecher einer Allianz mit Frankreich. Das war Bismarck jedoch nicht, wohl aber hielt er es für politisch unklug, die Beziehungen zu Frankreich auf dem Gefrierpunkt zu halten. Den Ministerpräsident warnte er davor, «daß wir unsrer Gegnerschaft gegen Frankreich öffentlich einen Stempel der Unwiderruflichkeit aufdrücken». Ein Bündnis mit Frankreich einzugehen, so schrieb er, wäre gewiß ein Unglück, «aber die Möglichkeit, unter Umständen dieses Übel als das kleinere von zweien zu wählen, dürfen wir uns m. E. in den Augen unserer Bundesgenossen nicht abschneiden, wenn wir auch niemals davon Gebrauch machen».

Noch vor der militärischen Entscheidung im Krimkrieg benutzte Bismarck die Weltausstellung in Paris als willkommenen Anlaß, der französischen Hauptstadt einen Besuch abzustatten, bei dem er auch dem Kaiser vorgestellt wurde. Den Kamarilla-Leuten in Berlin gefiel diese Parisreise gar nicht, so daß Bismarck sich veranlaßt sah, sich gegenüber Leopold von Gerlach zu rechtfertigen: «Sie schelten mich, weil ich in Babylon gewesen bin, aber Sie können von einem lernbegierigen Diplomaten diese politische Keuschheit nicht verlangen, die einem Soldaten oder einem unabhängigen Landjunker so wohl ansteht; ich muß m. E. die Elemente, in denen ich mich zu bewegen habe, aus eigenen Anschauungen kennen lernen, soviel sich mir Gelegenheit dazu bietet. Fürchten Sie dabei nicht für meine politische Gesundheit …» Im Frühjahr 1857 unternahm Bismarck eine weitere Reise nach Paris, bei der es auch zu politischen Gesprächen mit Napoleon III. kam. Im Anschluß an diese Reise hat Bismarck in umfänglichen Briefen an Leopold von Gerlach, den Generaladjutanten des Königs, seine Auffassung von Außenpolitik in brillanter Diktion präzisiert. Seit Auszüge aus dieser Korrespondenz durch die «Gedanken und Erinnerungen» bekannt wurden, gelten diese Darlegungen als Grundsatzdokumente Bismarckschen Denkens, als unverhülltes Bekenntnis zu einer sich ganz am Staatsinteresse orientierenden «Realpolitik» (der Begriff kam damals auf) gegen eine Politikauffassung, die – auf den «Kampf gegen die Revolution» ausgerichtet – sich in Prinzipienstarrsinn erschöpfte und ständig den Refrain wiederholte: Bonaparte ist der Feind, seine Existenz ist das Unrecht. Auch wenn man heute dazu neigt, Abstriche am Grundsatzcharakter der Debatte zu machen, so dokumentiert dieser Briefwechsel doch eindringlich, daß sich Bismarck inzwischen endgültig von der politischen Gedanken- und Gefühlswelt der Hochkonservativen um die Kamarilla emanzipiert hatte.

Blickt man auf Bismarcks acht Frankfurter Jahre, dann ist evident, daß seine Tätigkeit als preußischer Bundestagsgesandter ganz im Zeichen der Defensive stand, der Defensive gegen die österreichischen Bestrebungen einer Majorisierung Preußens und der Indienstnahme des Deutschen Bundes für die Zwecke der österreichischen Politik. Seine Amtstätigkeit sah Bismarck als einen «ununterbrochenen Kampf gegen Übergriffe aller Art ..., gegen die unablässigen Versuche, den Bund auszubeuten als ein Instrument zur Erhöhung Östreichs, zur Verminderung Preußens», einen Kampf, in dem er sich von seiner Regierung, der er «passive Planlosigkeit» vorwarf, nicht immer hinreichend unterstützt fand. In der umfänglichen Berichterstattung stehen daher Ziele und Methoden der österreichischen Politik im Mittelpunkt, und immer wieder wird ausgesprochen, der Deutsche Bund, so wie er konstruiert sei, stelle einen Hemmschuh für die preußischen Ambitionen dar und eine flagrante Auseinandersetzung zwischen Preußen und der Habsburgermonarchie werde sich auf die Dauer wohl nicht vermeiden lassen. Die Zahl entsprechender Äußerungen ist Legion. So schrieb er 1853 an Leopold von Gerlach: Österreich wolle eine straffe Hegemonie über den Bund, und dabei sei ihm Preußen im Wege, «wir mögen uns an die Wand drücken, wie wir wollen, ein Deutsches Preußen von 17 Millionen bleibt immer zu dick, um Oestreich so viel Spielraum zu lassen, als es erstrebt. Unsere Politik hat keinen andern Exerzierplatz als Deutschland ..., und grade diesen glaubt Oestreich dringend auch für sich zu gebrauchen; für beide ist kein Platz nach den Ansprüchen, die Oestreich macht, also können wir uns auf die Dauer nicht vertragen. Wir atmen einer dem andern die Luft vor dem Munde fort, einer muß weichen oder vom andern ‹gewichen werden›, bis dahin müssen wir Gegner sein, das halte ich für eine unignorierbare Tatsache, wie unwillkommen sie auch sein mag.» Die Substanz seiner Frankfurter Erfahrungen faßte er in einem Schreiben an den Außenminister vom 12. Mai 1859 in den bekannten, vielzitierten Satz zusammen: «Ich sehe in unserm Bundesverhältnis ein Gebrechen Preußens, welches wir früher oder später ferro et igni werden heilen müssen, wenn wir nicht beizeiten in günstiger Jahreszeit eine Kur dagegen vornehmen ...»

Die häufigen und drastischen Ausfälle gegen Absichten und Methoden der Habsburgermonarchie bedeuteten jedoch nicht, daß Bismarck eine gewaltsame Lösung des österreichisch-preußischen Dualismus für schlechthin unausweichlich hielt. Die entsprechenden Äußerungen sind zwar an Zahl geringer, aber es gibt sie, und sie deuten eine von Bismarck für möglich gehaltene nicht gewaltsame Lösung des deutschen Dualismus an, dann nämlich, wenn eine andere österreichische Regierung die Gleichberechtigung Preußens akzeptieren und einer Aufteilung Deutschlands in eine österreichische und preußische Einflußsphäre zustimmen würde. Diese Konzeption sollte später für Bismarck Bedeutung gewinnen.

In der preußischen Führungsspitze vollzogen sich 1857/58 einschneidende Veränderungen, die sich auch auf Bismarcks Laufbahn auswirkten. 1857 brach bei König Friedrich Wilhelm IV. eine unheilbare Geisteskrankheit aus, die ihn auf Dauer (bis zu seinem Tod am 2. Januar 1861) regierungsunfähig machte. Im Oktober 1857 übertrug er durch Kabinettsordre seinem Bruder Wilhelm für drei Monate die Stellvertretung, mit der Verpflichtung, die Regierung nach den bisherigen Intentionen weiterzuführen; drei Mal wurde die Stellvertretung für je ein Vierteljahr verlängert. Kronprinz Wilhelm, der «Kartätschenprinz» von 1848, hatte sich unter dem Einfluß seiner Frau mittlerweile zu einem gemäßigt Konservativen gewandelt, der der «Wochenblattpartei» nahestand. Da es im Krimkrieg zwischen ihm und seinem Bruder, dem König, zu einem Zerwürfnis gekommen war, hatte sich auch das Verhältnis zu Bismarck etwas abgekühlt. Dieser versuchte sofort, sich auf die neue Situation einzustellen und mit dem Prinzen wieder in nähere Beziehungen zu kommen. Im März 1858 legte er ihm eine fast hundert Seiten lange Ausarbeitung vor (in Hofkreisen «Das kleine Buch des Herrn von Bismarck» genannt), in der er minutiös seine Erfahrungen am Bundestag resümierte und ein pointiertes Programm für eine deutsche Politik Preußens entwickelte, das in dem Satz gipfelte: «Es gibt nichts Deutscheres, als gerade die Entwicklung richtig verstandener preußischer Partikularinteressen.» In diesem Zusammenhang plädierte er auch für eine «belebtere Tätigkeit der Landesvertretung». Hier deutete sich an, daß Bismarck bereit war, im Interesse der Machtexpansion Preußens mit der nationalen Bewegung zu kooperieren.

Anfang Oktober 1858 übernahm Prinz Wilhelm auf Beschluß der Regierung und mit Zustimmung der Kammern die Regentschaft und damit die volle Regierungsgewalt. Er bildete sofort ein neues Ministerium; Otto von Manteuffel wurde entlassen, Männer aus dem Kreis der «Wochenblattpartei» wurden zu Ministern berufen, weitere Personalveränderungen in der Verwaltung folgten. In einer sogleich publizierten «Ansprache» an das neue Ministerium umriß der Prinzregent das im wesentlichen auf den Vorstellungen der Wochenblattpartei beruhende Programm der «Neuen Ära». Er erklärte, die Regierung werde den berechtigten Bedürfnissen und Forderungen der Zeit mit «sorglicher und bessernder Hand» Rechnung tragen, und kündigte eine Politik «moralischer Eroberungen» Preußens in Deutschland sowie eine Reorganisation des preußischen Heeres an.

Mit dem Beginn der «Neuen Ära» schwand Bismarcks Einfluß. Er rechnete damit – «geschäfts- und menschenmüde», wie er selbst sagte –, daß seine Zeit in Frankfurt bald zu Ende gehen werde; Gerüchte über eine Versetzung waren im Umlauf. Als es dann soweit war, als die Verantwortlichen in Berlin im Januar 1859 seine Versetzung nach St. Petersburg beschlossen, wußte der österreichische Gesandte davon vor Bismarck Bescheid – ein Procedere, das ihn enttäuschte und kränkte. Er reagierte, wie später noch oft auf seelische Erregung, mit körperlicher Erkrankung (Grippe, Gallenfieber), doch nach einigen Tagen hatte er sich gefangen und suchte dem neuen Posten seine guten Seiten abzugewinnen, zumal ihm der Prinzregent erklärte: «Petersburg hat doch immer für den obersten Posten der preußischen Diplomatie gegolten.» Ende Februar 1859 gab Bismarck im Bundespalais seine Abberufung zu Protokoll, wenige Tage später verließ er, nicht ohne Wehmut, Frankfurt, wo die Familie vorläufig zurückblieb.

Nach kurzem Zwischenaufenthalt in Berlin – mit Audienz beim Prinzregenten – trat Bismarck die Reise in die russische Hauptstadt an, mitten im Winter ein beschwerliches Unternehmen. Mit der Eisenbahn ging es bis Königsberg, erst in Pskow begann die russische Bahnlinie. Fast drei Viertel des Weges mußten daher im Reisewagen – in tiefem Schnee – zurückgelegt werden. Volle sieben Tage dauerte die Reise von der preußischen in die russische Hauptstadt, in der Bismarck am 29. März eintraf. Gleich am 1. April, seinem vierundvierzigsten Geburtstag, überreichte er Zar Alexander II. sein Beglaubigungsschreiben; die Antrittsaudienz dauerte, was ungewöhnlich war, zwei Stunden. Schon in den ersten Tagen konnte Bismarck registrieren, daß er die Gunst des Hofes und der Regierung genoß, mit Außenminister Gorčakov stand er in intensivem Gedankenaustausch. Johanna erfuhr als erste Eindrücke: «Wie die Östreicher hier drunten durch sind, davon hat man gar keine Idee ..., der Haß ist ohne Maßen und übersteigt alle meine Vermutungen. Erst seit ich hier bin, glaube ich an Krieg; die ganze russische Politik scheint keinem andern Gedanken Raum zu geben als dem, wie man Oestreich ans Leben kommt.»

Der letzte Satz bezieht sich auf die außenpolitische Lage zu diesem Zeitpunkt. Die Spannungen zwischen Österreich und Piemont hatten sich seit Jahresbeginn 1859 zum offenen Konflikt gesteigert. Die Regierung Piemonts war entschlossen, die Österreicher aus Oberitalien zu vertreiben, und Ministerpräsident Graf Cavour war sich dabei der Unterstützung Kaiser Napoleons III. sicher. Als die österreichische Diplomatie den kapitalen Fehler beging, Piemont am 23. April ein auf drei Tage befristetes Ultimatum zur Verringerung seines Heeres und zur Entlassung der Freiwilligen zu stellen, und Piemont dieses Ultimatum ablehnte, begann im Mai der Krieg. Gegen die vereinig-

ten Armeen Frankreichs und Piemonts erlitten die Österreicher
schwere Niederlagen in den Schlachten von Magenta (4. Juni)
und Solferino (24. Juni). Daher schloß Kaiser Franz Joseph in
Villafranca am 11. Juli einen (später bestätigten) Vorfrieden mit
Kaiser Napoleon III., in dem er die Lombardei an Frankreich
abtrat, das dieses Gebiet sofort an Piemont weitergab; Venetien
dagegen blieb österreichisch.

Gerade angesichts des heraufziehenden Konflikts, bei welchem dem Deutschen Bund eine wichtige Rolle zufallen mußte,
war Bismarck der Abschied vom Bundestag besonders schwer
gefallen. Jetzt, in Petersburg, konnte er die Dinge nur aus der
Ferne verfolgen. In den Wochen zwischen Kriegsbeginn und
Friedensschluß, in denen in Deutschland die Wogen proöster-
reichischer und antifranzösischer Emotionen hochschlugen (der
Rhein sollte am Po verteidigt werden!), beschränkten sich Bismarcks Möglichkeiten auf die Mitteilung seiner Ansichten nach
Berlin, wo über die preußische Haltung entschieden wurde.
Diese seine Ansichten sprach er allerdings mit Entschiedenheit
aus. Unter Zurückweisung konservativer Solidaritätsforderun-
gen und antibonapartistischer Ansinnen wandte er sich auch
jetzt, wie schon im Krimkrieg, gegen eine bedingungslose Unterstützung Österreichs durch Preußen – strikte Neutralität
also, sofern der Kaiserstaat sich nicht entschließen würde, Preußen große Konzessionen in Deutschland zu machen. Diese
grundsätzliche Position faßte er in einem Schreiben an Außenminister Schleinitz in die Sätze: «Ein Krieg, den wir im Bunde
mit Österreich und den deutschen Mittelstaaten führen, kann
uns nicht wohl irgendein wünschenswertes Äquivalent für die
Anstrengungen und Gefahren gewähren, welche er mit sich
bringt, und der Sieg, zu welchem wir Österreich verhelfen würden, bringt Konsequenzen mit sich, vermöge deren wir dem-
nächst von Österreich und seinen Bundesgenossen schwerlich
weniger zu befürchten haben würden als von Frankreich im
Falle einer Niederlage Österreichs.» Daraus zog Bismarck den
Schluß, «daß wir die Teilnahme am Kriege insoweit vermeiden
müssen, als wir sie nicht zu einer vorteilhaften Umgestaltung
unseres Bundesverhältnisses benutzen können oder wollen; daß

wir ferner ein Interesse haben, den Sieg Österreichs über Frankreich ebensowenig zuzulassen als eine Verletzung des deutschen Territoriums durch Frankreich, und daß für den Augenblick die Lokalisierung des Krieges, mit der Bürgschaft Rußlands und, wo möglich, Englands gegen Verletzungen der deutschen Grenze durch Frankreich, ein glückliches Resultat preußischer Politik darstellen würde». Mit dem von Schleinitz gegen manche Widerstände durchgesetzten und durchgehaltenen Neutralitätskurs war Bismarck voll einverstanden.

Nach Kriegsende, im Juli, kurz vor der Abreise nach Deutschland, wo er die Familie abholen wollte, erkrankte Bismarck schwer. Ein rheumatisch-nervöses Leiden sowie eine lange vernachlässigte Beinverletzung verschlimmerten sich dramatisch durch falsche Behandlungsmethoden unfähiger Ärzte. Bei der Abreise war er in einem so elenden Zustand, daß er getragen werden mußte. Auf dem Seeweg gelangte er nach Stettin und von dort nach Berlin. Einem Krankenlager in der Hauptstadt schlossen sich Kuraufenthalte in Wiesbaden und Bad Nauheim an; immer noch der Schonung bedürftig, nahm er auf Wunsch des Prinzregenten im September an Beratungen in Baden-Baden teil und weilte auch einige Tage in Berlin, wo es zu einer denkwürdigen Begegnung mit einem führenden Liberalen kam: Viktor von Unruh machte kein Hehl daraus, daß etliche Liberale ihre Hoffnungen auf Bismarck setzten und er selbst ihn gerne als Außenminister sähe.

Nach dem Warschauer Treffen zwischen Zar und Prinzregent (Oktober 1859), an dem Bismarck teilnahm, bereitete sich die Familie in Reinfeld auf die Übersiedlung nach Petersburg vor. Anfang November ging es los. Aber schon beim kurzen Zwischenaufenthalt auf dem Gut seines Freundes Alexander von Below in Hohendorf bei Elbing warf die Krankheit Bismarck erneut nieder: starke Schmerzen in Brust, Rücken, Herzgegend und Schultern sowie eine schwere Lungenentzündung. Sein Leben hing an einem seidenen Faden, er traf letztwillige Verfügungen und glaubte nicht, «noch einmal grünen Rasen ‹von oben› sehen zu können». Am vierten Tag war zwar die unmittelbare Lebensgefahr überwunden, doch die Genesung zog sich mona-

telang hin. Erst im März 1860 war er so weit, daß er das gast-
liche Gutshaus in Hohendorf verlassen und an eine Rückkehr
auf den Posten in Petersburg denken konnte. Der Prinzregent
hielt ihn allerdings zunächst noch in Berlin zurück, denn er er-
wog eine Kabinettsumbildung, und mehrere Berater hatten auf
Bismarck als den Mann der Stunde hingewiesen.

Wilhelm entschied sich schließlich gegen ihn: «Das fehlte jetzt
gerade noch, daß ein Mann das Ministerium übernimmt, der
alles auf den Kopf stellen wird.» Anfang Juni 1860 traf Bismarck wieder in Petersburg ein – volle elf Monate war er abwe-
send gewesen. Nun endlich konnte er mit seiner Familie das Petersburger Domizil beziehen, das fürstliche Palais der Gräfin
Stenbock am Englischen Kai mit Blick auf die Newa.

Seine schwere Erkrankung hat Bismarck als einen markanten
Einschnitt empfunden. Im Briefwechsel ist davon mehrfach die
Rede. So im Juli 1860 an den Bruder: «Seit der Krankheit kann
ich das Gefühl nicht loswerden, daß es bald am Ende ist, und
ich bin dadurch ruhiger und gleichmütiger in allen Dingen geworden.» Bismarck tat weiterhin seine Pflicht, schrieb ausführliche Berichte über seine Unterredungen mit dem Zaren und anderen führenden russischen Persönlichkeiten sowie über die inneren Verhältnisse im Zarenreich. Da die Gesandtschaft auch
konsularische Arbeit zu leisten hatte und etwa 40 000 in Rußland lebende preußische Staatsbürger betreute, bekam er auf-
schlußreiche Einblicke in das russische Leben auch jenseits der
Hauptstadt. Sehr genau beobachtete er aber auch die Entwicklung in Deutschland sowie die internationalen Beziehungen.
Schon früh trat er für die Anerkennung des «Königreichs Italien» ein, mit der die russische Regierung zögerte. Seiner Jagd-
leidenschaft konnte er in den russischen Wäldern frönen.

Während seines Sommeraufenthalts in Deutschland 1861
wurde er nach Baden-Baden zu Wilhelm I. befohlen, seit dem
Tod seines Bruders (2. Januar 1861) preußischer König. In Baden-Baden verfaßte Bismarck nach mündlichem Vortrag beim
König auf dessen Bitte seine berühmte Denkschrift zur deutschen Frage (sie liegt in zwei, sich nicht wesentlich unterschei-
denden Fassungen vor). Der Ausgangspunkt der Argumentation

lautet: «Mit der jetzigen Bundesverfassung ist es nicht möglich, den bestehenden Übelständen abzuhelfen.» Um diesen Übelständen abzuhelfen, empfiehlt Bismarck die Errichtung einer «nationalen Vertretung des deutschen Volkes bei der Bundes-Centralbehörde» als das «einzige Bindemittel, welches den divergierenden Tendenzen dynastischer Sonderpolitik ein ausreichendes Gegengewicht zu geben vermag». Damit wurde die Möglichkeit einer neuen Strategie preußischer Deutschlandpolitik formuliert: die deutsche Einheitsbewegung als Druckmittel, das Preußen gestatten sollte, im Kampf gegen Österreich und die Mittelstaaten die Oberhand zu gewinnen.

Wieder einmal gab es Spekulationen um ein Ministeramt für Bismarck, aber seine Heranziehung zu den Beratungen im Sommer 1861 blieb Episode. Nach der Teilnahme an den Königsberger Krönungsfeierlichkeiten (18. Oktober 1861) begab er sich wieder auf seinen Posten in der russischen Hauptstadt. Im März 1862 wurde er dann aus Petersburg abberufen, aber er erfuhr zunächst nichts über seine weitere Verwendung. Bei der Abschiedsaudienz vom russischen Kaiserpaar Ende April war Bismarck daher noch im Dunkel über seine Zukunft.

Die Ungewißheit dauerte fort, als Bismarck am 10. Mai in Berlin eintraf, in einer innenpolitisch brisanten Situation. Denn vier Tage zuvor hatten Landtagswahlen stattgefunden, bei denen die Liberalen der verschiedenen Schattierungen einen strahlenden Sieg feiern konnten; sie errangen 292 der insgesamt 353 Sitze. Damit war König Wilhelms Lieblingsprojekt gefährdet, die Heeresreform. Die im Februar von Kriegsminister Albrecht von Roon eingebrachte Gesetzesvorlage sah eine Erhöhung des Militäretats vor, Verstärkung des stehenden Heeres, effektive dreijährige Dienstzeit und eine Reform der Landwehr, die auf deren faktische Abschaffung hinauslief. Vor allem gegen die beiden letztgenannten Vorhaben richtete sich der massive Widerstand der Liberalen. Die Zeichen standen auf Sturm.

Wieder einmal kursierten Gerüchte, Bismarck werde an die Spitze des Ministeriums treten – Bismarck ante portas. Seinem Petersburger Mitarbeiter Kurd von Schlözer teilte er am 15. Mai mit: «Über London und Paris ist nichts entschieden. Die Wahrscheinlichkeits-Reihenfolge ist für mich augenblicklich: Berlin, Paris, London; es kann sein, daß sie in wenigen Tagen wieder anders rangiert.» Der Ministerpräsident der «Neuen Ära», Fürst Hohenzollern, und dessen Nachfolger Prinz Hohenlohe empfahlen dem Monarchen, Bismarck zu berufen. Aber König Wilhelm schwankte und zögerte. Zu Prinz Hohenlohe meinte er: «Der ist ja viel zu flatterhaft, schlagen Sie mir einen andern vor.» Entscheidend war letztlich der Einfluß der Königin, die alle Hebel in Bewegung setzte, um einen Ministerpräsidenten oder Minister Bismarck zu verhindern. Die Hängepartie zog sich hin, bis Bismarck am 22. Mai zu «explodieren» drohte und – wie er Johanna schrieb – «definitiv und amtlich um Anstellung oder Abschied» bat. Drei Stunden darauf erhielt er seine Ernennung zum preußischen Gesandten in Paris. Doch in der Abschiedsaudienz äußerte der König, er solle sich in Paris noch nicht fest etablieren, sondern abwarten.

Unverzüglich reiste Bismarck ab. In Paris fühlte er sich aber diesmal – im Unterschied zu den früheren Aufenthalten – gar nicht glücklich, aus verschiedenen Gründen: Das Gesandtschaftsgebäude behagte ihm nicht, die erneute Trennung von der Familie (die vorläufig in Reinfeld blieb) kam ihn hart an, seine geliebte Fuchsstute fehlte ihm zum Reiten, und in Paris begann bereits die Sommerpause, so daß es wenig gesellschaftliche Kontakte gab; er fand es in Paris daher «unglaublich langweilig». Die Aufnahme am kaiserlichen Hof ließ indessen nichts zu wünschen übrig. Napoleon III. empfing ihn mehrfach, in einem dieser Gespräche fühlte sich Bismarck, wie er Außenminister Bernstorff berichtete, in der «Lage Josephs bei der Frau von Potiphar. Er hatte die unzüchtigsten Bündnisvorschläge auf der Zunge; wenn ich etwas entgegengekommen wäre, so hätte er sich deutlicher ausgesprochen.» Schon nach drei Wochen erbat Bismarck einen Urlaub zum Besuch der Weltausstellung in London und hatte dort zahlreiche Begegnungen mit vielen maßgebenden britischen Politikern. Aus London nach Paris zurückgekehrt, drang er Mitte Juli auf die Genehmigung eines längeren Urlaubs in Frankreich, um einen «Vorrat an Gesundheit» zu sammeln. Über Blois, Bordeaux, Bayonne und San Sebastian ging es nach Biarritz. Die Augustwochen in Biarritz wurden für ihn zu einem Idyll fern der politischen Welt: täglich zwei See-bäder und vor allem das Zusammensein mit den Orlows, er rus-sischer Gesandter in Brüssel, seine junge Frau Katharina (aus der Fürstenfamilie Trubetzkoi) eine attraktive Schönheit. In die ebenso natürliche wie geistvolle Zweiundzwanzigjährige ver-liebte sich der Siebenundvierzigjährige, er fand sie «ein Stück-chen Marie Thadden», wie er freimütig Johanna schrieb, der er in fast täglichen Briefen über sein Tun und Treiben berichtete und Landschaftsbilder von grandioser Anschaulichkeit zeich-nete. Zu dritt streifte man durch Heide und Wald, stürzte sich in die Wellen, machte weite Ausritte in eine wilde Landschaft, ge-noß gemeinsam Musik und Mondscheinnächte – Tage voll ro-mantischer Weltvergessenheit.

Gesundet an Leib und Seele verließ Bismarck Biarritz, ver-brachte mit den Orlows noch einige Tage in den Pyrenäen und schrieb am 12. September in Toulouse Briefe an Bernstorff und Roon, in denen er sich über die Ungewißheit beklagte, in der er sich nach wie vor befinde. In Paris erhielt er am 16. September ein Telegramm Bernstorffs, er solle den König in Berlin aufsu-chen, und zwar so schnell wie möglich. Es folgte Roons berühm-tes Telegramm: «Periculum in mora. Dépêchez vous» (Verzug bringt Gefahr. Beeilen Sie sich). Am frühen Morgen des 20. Sep-tember traf Bismarck in Berlin ein.

Wilhelm I. befand sich in stärkster Bedrängnis. Durch sein starres Festhalten an den zentralen Punkten der geplanten Hee-resreform war der Heereskonflikt zum Verfassungskonflikt es-kaliert, der in den Septembertagen seinem Zenit zustrebte. In der Woche vom 11. bis 18. September debattierte das Abgeordne-tenhaus über die Reform. Wegen der unnachgiebigen Haltung des Königs kam ein Kompromiß nicht zustande, zu dem die Kö-nigin, der Kronprinz und die meisten Minister rieten. In einem Kronrat am 17. September zwang Wilhelm I. die Minister, sich seinem Willen zu fügen oder zu gehen, dabei deutete er die Mög-lichkeit seiner Abdankung an und rief den in Thüringen weilen-den Kronprinzen telegrafisch nach Berlin. Die Rücktrittsdro-hung – wie ernst oder lediglich taktisch sie gemeint sein mochte

– zeigte Wirkung bei den Ministern und der Familie. Das Kabinett bat in einer Erklärung den Monarchen, nicht abzudanken, und der Kronprinz lehnte es ab, unter den gegebenen Umständen die Krone zu übernehmen; nach zwei Gesprächen mit seinem Vater, in denen er ihn vergeblich zum Einlenken beschwor, reiste er am 20. September wieder ab – dem Tag, an dem Bismarck in Berlin eintraf. Es ist viel darüber spekuliert worden, ob die preußische und deutsche Geschichte einen völlig anderen Verlauf genommen hätte, wenn Wilhelm damals tatsächlich abgedankt hätte, und ob es ausschließlich Bismarcks Bereitschaft war, Konfliktminister zu werden, welche die Abdankung und einen Wendepunkt der deutschen Geschichte illusorisch machte. Das sind weitgehend müßige Spekulationen, denn nach allen Indizien war Wilhelm nicht wirklich zur Abdankung entschlossen, und selbst wenn Bismarck sich verweigert hätte, standen dem Monarchen noch genügend Mittel zur Verfügung, um auszuharren. Aber Bismarck verweigerte sich nicht. In einem langen Gespräch im Park von Babelsberg am 22. September (über dessen Verlauf uns nur Bismarcks – im Kern sicher zutreffender – Bericht in den «Gedanken und Erinnerungen» vorliegt) erklärte sich Bismarck bereit, die Heeresreform auch gegen den Widerstand des Abgeordnetenhauses durchzusetzen. Damit gewann er das Vertrauen des Königs, der sich noch an diesem Tag entschied, ihn zum Ministerpräsidenten zu ernennen. Der Kronprinz notierte einen Tag später in sein Tagebuch: «Arme Mama, wie bitter wird gerade dieses ihres Todfeindes Ernennung sie treffen.»

IV. Großpreuße und Reichsgründer
(1862–1871)

Mit der Ernennung zum Ministerpräsidenten und Außenminister (am 23. September 1862 interimistisch, am 8. Oktober definitiv) hatte Bismarck erreicht, was seit langem Ziel seines Ehrgeizes war. Allerdings waren die Umstände, unter denen er sie-

benundvierzigjährig das Amt übernahm, keineswegs die ihm
erwünschte Konstellation. Seit Jahren galt sein Hauptinteresse
der Außenpolitik: Preußens Stellung in Deutschland und Europa
zu festigen und auszubauen – darum ging es ihm. Aber nicht,
um eine kühn ausgreifende Außen- und Deutschlandpolitik zu
betreiben, wurde Bismarck berufen, sondern als Nothelfer in
einer nahezu ausweglos erscheinenden innenpolitischen Krisen-
situation. Nur weil der Monarch im Konflikt mit dem Parlament mit dem Rücken zur Wand stand, konnte er sich entschließen, den Mann an die Spitze der Regierung zu stellen, gegen den
er lange erhebliche Vorbehalte gehabt hatte, darin bestärkt von
seiner Familie.

Die Resonanz auf die Ernennung Bismarcks vor allem im liberalen Lager, das auch weithin die Presse beherrschte, ließ an Un-
freundlichkeit nichts zu wünschen übrig, zumal sich viele noch
an das schneidige Auftreten des altmärkischen Junkers im Vereinigten Landtag und in der Zweiten Kammer erinnerten, aber
nichts von den Wandlungen wußten, die seine Gedankenwelt
seitdem erfahren hatte. Als «wahrer aristokratisch-feudaler Un-
hold», als «serviler Landjunker» wurde der neue Ministerpräsident tituliert, und August Ludwig von Rochau sprach wohl den
meisten Liberalen aus dem Herzen, wenn er schrieb: «Mit der
Verwendung dieses Mannes ist der schärfste und letzte Bolzen
der Reaktion von Gottes Gnaden verschossen ... Wenn er auch
manches gelernt und verlernt haben mag, ein vollgültiger Staatsmann ist er keinesfalls, sondern nur ein Abenteurer von allerge-
wöhnlichstem Schnitt, dem es lediglich um den nächsten Tag zu
tun ist.» Kaum jemand hätte diesem Ministerium eine lange Lebensdauer zu prophezeien gewagt. Bismarck selbst jedoch
glaubte an seinen Stern. Fast demonstrativ bezog er mit seiner
Familie Mitte Oktober die Dienstwohnung im Gebäude des
Auswärtigen Amtes in der Wilhelmstr. 76. Wenige Tage zuvor
hatte er Johanna geschrieben: «Arbeit ist viel, etwas müde, nicht
genug Schlaf, aller Anfang ist schwer; mit Gottes Hilfe wird es
besser werden und ist ja auch so recht gut; nur das Leben auf
dem Präsentierteller ist etwas unbehaglich.»

Am 23. September, dem Tag von Bismarcks Ernennung, beschloß das Abgeordnetenhaus mit 308 gegen 11 Stimmen die endgültige Ablehnung der von der Regierung geforderten Ausgaben für die Heeresreform. Damit trat der Konflikt in eine neue, entscheidende Phase. Die auf eine Abschaffung der bestehenden Verfassung zielenden Pläne der sogenannten Staatsstreichpartei um den Chef des Militärkabinetts Edwin von Manteuffel lehnte Bismarck entschieden ab, vielmehr hoffte er zunächst, die Konfliktparteien doch irgendwie zu einem Kompromiß bewegen zu können, und suchte deshalb Zeit zu gewinnen. Um zu einem «Waffenstillstand» zu gelangen, nahm er Kontakt zu einflußreichen Politikern der verschiedenen liberalen Richtungen auf, er erreichte aber nichts; dem König blieben diese Sondierungen, zu Bismarcks Glück, unbekannt. Mit seiner ersten öffentlichen Erklärung zog das Kabinett am 29. September den Budgetentwurf für 1863 zurück und versprach dabei, ihn bei der nächsten Kammersession zusammen mit einem neuen Gesetz zur Militärdienstpflicht wieder vorzulegen. In der Budgetkommission des Abgeordnetenhauses fand dann jener denkwürdige Auftritt des Ministerpräsidenten statt, der das Bismarckbild der Zeitgenossen und der Nachwelt nachhaltig geprägt hat. Gemäß seinem Streben nach Deeskalation begann Bismarck mit der Bemerkung, der Konflikt werde zu tragisch aufgefaßt und von der Presse zu tragisch dargestellt, die Regierung suche keinen Kampf; wenn die Krise mit Ehren beendigt werden könne, so biete die Regierung gerne die Hand dazu. Er zog sogar aus seinem Notizbuch einen in Avignon gepflückten Olivenzweig und präsentierte ihn den Abgeordneten. Doch der Versuch, eine Verständigung anzubahnen, ging gründlich daneben. Wirkung entfalteten dagegen die Sätze, mit denen Bismarck eine aktivistische Außenpolitik andeutete: «Nicht auf Preußens Liberalismus sieht Deutschland, sondern auf seine Macht ... Preußen muß seine Kraft zusammenfassen und zusammenhalten auf den günstigen Augenblick, der schon einige Male verpaßt ist; Preußens Grenzen nach den Wiener Verträgen sind zu einem gesunden Staatsleben nicht günstig; nicht durch Reden und Majoritätsbeschlüsse werden die großen Fragen der Zeit entschieden – das ist der große Fehler von 1848 und 1849 gewesen –, sondern durch Blut und Eisen.» Bismarck glaubte wohl, damit Selbstverständlichkeiten auszusprechen, aber darin täuschte er sich. Die eingängigen Worte von «Blut und Eisen» – sie haften ihm bis heute an – entfachten einen Entrüstungssturm; es drohe eine auf außenpolitische Abenteuer gestützte Gewaltherrschaft, lautete der Tenor im liberalen Blätterwald.

Nach dem Scheitern der Verständigungsversuche ging das Kabinett ganz auf Konfrontationskurs. Am 13. Oktober wurde das Abgeordnetenhaus vertagt und das budgetlose Regime verkündet, allerdings verbunden mit der Erklärung, die Regierung wolle die Verfassung nicht umstürzen, sondern gegebenenfalls die nachträgliche Genehmigung erbitten. Als das Parlament Mitte Januar 1863 wieder zusammentrat, befand sich das Ministerium in prekärer Defensive. In einer großen Rede begründete Bismarck das Vorgehen des Kabinetts mit der sogenannten «Lückentheorie», die im Sommer 1862 vor allem von Ludwig von Gerlach in mehreren Zeitungsartikeln popularisiert worden war. Die Argumentation lautete so: Zum rechtsgültigen Zustandekommen eines Gesetzes (also auch des Etats) bedürfe es der Übereinstimmung der drei konstitutiven Gewalten Krone, Herrenhaus und Abgeordnetenhaus. «Wenn eine Vereinbarung zwischen den drei Gewalten nicht stattfindet, so fehlt es in der Verfassung an jeglicher Bestimmung, welche von ihnen nachgeben muß.» Da keine der Gewalten die andere zum Nachgeben zwingen könne, verweise die Verfassung «auf den Weg der Kompromisse zur Verständigung». Werde der Kompromiß dadurch vereitelt, daß eine der beteiligten Gewalten ihre eigene Ansicht mit doktrinärem Absolutismus durchführen wolle, so würden Konflikte zu Machtfragen. «Wer die Macht in Händen hat, geht dann in seinem Sinne vor, weil das Staatsleben auch nicht einen Augenblick stillstehen kann.» Die Abgeordneten reagierten mehrheitlich mit höchster Empörung. Die Adresse des Hauses an König Wilhelm, die der Regierung (und damit auch dem sie stützenden König) Verfassungsbruch vorwarf, wurde mit 255 gegen 68 Stimmen angenommen.

In den folgenden Wochen nahm in den parlamentarischen Auseinandersetzungen der Ton an Schärfe zu, zumal neben dem innenpolitischen Konflikt jetzt auch bei den akut werdenden außenpolitischen Fragen unüberbrückbare Meinungsverschiedenheiten bestanden; darauf ist gleich näher einzugehen. Zu einem Eklat kam es Mitte Mai, als der Parlamentspräsident Kriegsminister Roon bei einer Rede zu unterbrechen versuchte und dann die Sitzung abbrach. Das Ministerium betrachtete dieses Verhalten als Disziplinierungsversuch und lehnte die weitere Teilnahme an Parlamentssitzungen ab. Auf eine Ermahnung des Königs erklärte das Abgeordnetenhaus in einer mit 239 gegen 61 Stimmen angenommenen Adresse, zwischen den Ratgebern der Krone und dem Lande bestehe eine Kluft, «welche nicht anders als durch einen Wechsel der Personen, und mehr noch, durch einen Wechsel des Systems ausgefüllt werden kann». Der König lehnte es ab, die Deputation zu empfangen, die ihm diese Adresse überbringen wollte, und sprach in einer schriftlichen Botschaft dem Ministerium sein Vertrauen aus. Kurz darauf wurde die Landtagssession geschlossen.

Die Kampfentschlossenheit auf beiden Seiten war nun auf dem Höhepunkt angelangt. Gleich nach Beendigung der Parlamentssession erließ die Regierung eine Notverordnung, die ein rigoroses Vorgehen gegen die Presse erlaubte. Deswegen kam es übrigens zu einem Konflikt zwischen dem König und seinem Sohn, dem Kronprinzen, der diese Maßnahme ablehnte. Eine liberale Wochenschrift sprach von «unaussprechlichem Ekel vor der Berliner Mißregierung, die wie eine widerliche Monstrosität der Natur in Europa dastehe». Die Angriffe der liberalen Presse auf das Ministerium im allgemeinen und den Ministerpräsidenten im besonderen wurden immer gehässiger. Bismarck mußte damals unzählige Beleidigungsprozesse anstrengen, in denen die Strafen für die Beschuldigten aber niedrig ausfielen, weil die Richter ihnen mildernde Umstände zubilligten. Auf der verzweifelten Suche nach möglichen Verbündeten im Kampf gegen die liberale Opposition führte Bismarck im Frühsommer 1863 auch einige – Episode bleibende – Gespräche mit Ferdinand Lassalle, Führer des soeben gegründeten «Allgemeinen Deutschen Arbeitervereins», der in schroffer Frontstellung zur linksliberalen Fortschrittspartei stand. In den Frühjahrs- und Sommerwochen des Jahres 1863 war Bismarck der wohl meistgehaßte Mann in Preußen. Daß er diese schwierigste Phase seiner amtlichen Tätigkeit politisch überstand, grenzt an ein Wunder. Am Ende seines ersten Ministerjahres kam es ihm vor, als wäre er in diesem einen Jahr «um fünfzehn Jahre älter geworden».

Nachdem der König am 2. September das Abgeordnetenhaus aufgelöst hatte, fand am 28. Oktober eine Neuwahl statt. Die Konservativen konnten zwar einige Sitze hinzugewinnen, die liberale Opposition verfügte aber nach wie vor über eine solide Zweidrittelmehrheit. Als der Landtag am 9. November zusammentrat, geschah dies in einer gegenüber der vorausgegangenen Sitzungsperiode wesentlich veränderten gesamtpolitischen Lage. Darauf ist zurückzukommen. Zunächst gilt es jedoch, einen Blick auf Bismarcks deutschland- und außenpolitische Aktivitäten im ersten Jahr seiner Ministerschaft zu werfen.

Besaß Bismarck, als er die verantwortliche Leitung der preußischen Politik übernahm, einen «Meisterplan», wie er Preußens Machtstellung in Deutschland und Europa ausbauen wollte? Wenn damit ein präziser Aktionsplan gemeint ist, nach dem zu verfahren sein würde, womöglich unter Herbeiführung von Kriegen, dann ist diese Frage zu verneinen. Vielmehr war Bismarck in dem Sinne ein Opportunist, daß er – orientiert am obersten Ziel einer Machtsteigerung des preußischen Staates und der Monarchie – sich bietende Gelegenheiten beim Schopfe packte und nutzte. In seinen Methoden konnte er daher – immer das strategische Ziel im Auge – mit einem hohen Maß an Flexibilität verfahren und für unterschiedliche Optionen offen sein. Dieses Charakteristikum – Klarheit über das strategische Ziel, aber Flexibilität in den Methoden – kennzeichnet seine Vorgehensweise im «Kampf um die Vorherrschaft in Deutschland», der von 1862 bis 1866 ausgetragen wurde. Die Auseinandersetzung mit der Habsburgermonarchie auf die Tagesordnung zu setzen oder nicht – das unterlag allerdings nicht Bismarcks Dispositionsfreiheit. Denn als er an die Spitze der Regierung berufen wurde, war der Kampf um die Bundesreform bereits in vollem Gange, und Österreich befand sich dabei in der Offensive. Es ist lange Zeit viel zu wenig beachtet worden, daß Bismarcks erste bundespolitische Aktionen nicht einen politischen Neuanfang darstellten, sondern in der Kontinuität preußischer Bundesreformvorstellungen seit Ende der 1850er Jahre standen und daß Bismarck beim Amtsantritt vom König quasi verpflichtet wurde, in der deutschen Frage die Politik des bisherigen Außenministers Graf Bernstorff fortzusetzen. Zwischen 1859 und 1861 hatte die österreichisch-mittelstaatliche Bundestagsmehrheit zwei preußische Reformvorschläge brüsk zurückgewiesen, einen Vorschlag zur Reform der Bundeskriegsverfassung und einen Unionsplan, der die alte Idee vom Doppelbund wieder aufgriff. Diesen preußischen Reformbemühungen zeitlich parallel lief der Kampf um die Festigung der wirtschaftlichen Hegemonie Preußens in Deutschland.

Bismarck konnte hier nahtlos an die Vorgängerregierungen anknüpfen, und trotz der schroffen innenpolitischen Konfrontation stand auch die liberale Opposition hinter der Wirtschafts- und Handelspolitik der Regierung. Der preußisch-französische Handelsvertrag, paraphiert am 29. März 1862, abgeschlossen am 2. August 1862, machte den von Österreich erstrebten Eintritt in den Zollverein praktisch unmöglich und lief daher auf die endgültige wirtschaftliche Trennung der Habsburgermonarchie vom übrigen Deutschland hinaus. In der Frage der Bundesreform hingegen hatten die österreichischen Bemühungen, Preußen in die Defensive zu zwingen, größere Aussicht auf Erfolg. Nach der Ablehnung des preußischen Unionsplans vom Dezember 1861 ging die österreichisch-mittelstaatliche Koalition zum Angriff über. Auf einer Konferenz Anfang August 1862 – Bismarck genoß da gerade in Biarritz seine Auszeit von der Politik – verständigte man sich auf ein Minimalprogramm: Abgeordnete der Landtage sollten beim Bundestag zu einer Delegiertenkonferenz zusammentreten, um bei den anstehenden Gesetzesvorhaben über Zivilprozeß- und Obligationenrecht mitzuwirken; außerdem sollte ein Bundesgericht eingesetzt werden. Wenige Tage später beschloß eine Bundestagsmehrheit unter Übergehung des preußischen Protests, einen Ausschuß zur Prüfung dieser Vorschläge einzusetzen, die – wenn sie durchgesetzt wurden – Preußens Position im Bund erheblich beeinträchtigt hätten.

Das also war die Situation, die Bismarck vorfand, als er im September an die Spitze der Regierung trat: Er sah sich nicht nur der dramatischen Zuspitzung im Verfassungskonflikt gegenüber, sondern auch einer bedrohlichen österreichisch-mittelstaatlichen Offensive in der Bundesreformfrage. Unter Aufbietung aller Kräfte, wobei er auch vor massiven Drohungen mit einer Sprengung des Bundes nicht zurückschreckte, gelang es ihm, das Delegiertenprojekt zu Fall zu bringen. Mit knapper Mehrheit lehnte der Bundestag am 22. Januar 1863 die Einsetzung einer Delegiertenkonferenz ab. Der innenpolitisch hart bedrängte Ministerpräsident konnte seinen ersten deutschlandpolitischen Erfolg verbuchen. Und er akzentuierte in diesem Zusammenhang bereits die Option einer nationalen Politik Preußens. Der preußische Bundestagsgesandte erklärte nämlich unmittelbar vor der entscheidenden Abstimmung: «Nur in einer Vertretung, welche nach Maßgabe der Bevölkerung jedes Bundesstaats aus letzterer durch unmittelbare Wahl hervorgehe, könne die deutsche Nation das berechtigte Organ ihrer Einwirkung auf die gemeinsamen Angelegenheiten finden.»

Aber auch die dualistische Operationslinie verfolgte Bismarck in diesen Wochen in mehreren Gesprächen mit dem österreichischen Gesandten in Berlin, Graf Karolyi, und dem österreichischen Sonderbotschafter Graf Thun, dem Kontrahenten aus gemeinsamen Frankfurter Tagen. In diesen Gesprächen suchte Bismarck zu sondieren, ob Österreich bereit sein würde, auf eine gemeinsame Aktion mit den Mittelstaaten zu verzichten und sich statt dessen mit Preußen zu verständigen, indem es ihm freie Bewegung in seinem «natürlichen Rayon, Norddeutschland» zugestehe. Sein Ziel, bekundete Bismarck, sei nicht der Bruch mit Österreich, sondern eine Erneuerung der österreichisch-preußischen Allianz, bei der jede der beiden deutschen Großmächte ihren Vorteil finden würde. Wenn aber Österreich, in den Bahnen Schwarzenbergscher Vorstellungen verharrend, auf Kosten Preußens die unbedingte Vormachtstellung in Mitteleuropa erstrebe, dann werde diese Politik, so Bismarck ganz unverblümt, «über kurz oder lang zum förmlichen Bruch und schließlich zum Kriege führen».

Die österreichische Regierung ging auf diese Avancen nicht ein, und sie gab sich auch mit der Ablehnung des Projekts Delegiertenkonferenz keineswegs geschlagen. Dies um so mehr, als sich die preußische Regierung in einer außerordentlich prekären Lage befand. Innenpolitisch hatte Bismarck ums politische Überleben zu kämpfen, und außenpolitisch geriet Preußen zeitweilig in die Gefahr völliger Isolierung. Denn als Ende Januar 1863 in Polen ein Aufstand ausbrach, sagte Bismarck der russischen Regierung zu, sie bei der Niederwerfung der Insurrektion im Rahmen seiner Möglichkeiten zu unterstützen (Konvention Alvensleben vom 8. Februar 1863). Hingegen machten die Westmächte und die Liberalen allerorten in Europa aus ihren polnischen Sympathien kein Hehl und kritisierten heftig das Vorgehen der russischen Regierung gegen die Aufständischen, bis hin zu Bemühungen, bei der Regierung des Zarenreichs zu intervenieren. Bei seinem Engagement zugunsten eines harten antipolnischen Kurses der russischen Regierung ging es Bismarck auch darum, jenen Kreisen am Zarenhof, die zu Konzessionen an die Polen geneigt waren, den Wind aus den Segeln zu nehmen, denn es blieb für ihn ein Axiom, daß kein selbständiger polnischer Staat entstehen dürfe, da dieser mit Sicherheit Ansprüche auf Teile der preußischen Ostprovinzen erheben werde und als ein «französisches Lager an der Weichsel» für Preußen die Gefahr eines Zweifrontenkrieges heraufbeschwören würde. Derartige Erwägungen lagen der liberalen Opposition fern, die Bismarcks Haltung und die Konvention Alvensleben im Abgeordnetenhaus leidenschaftlich attackierte. Erst nach der Niederwerfung des Januaraufstands trat im Sommer eine allmähliche Beruhigung in den internationalen Beziehungen ein.

In der für die preußische Regierung schwierigen Lage unternahm Österreich einen großangelegten Vorstoß mit dem Ziel einer «bundesrechtlichen Totalreform»(Ernst Rudolf Huber): Ein fünfköpfiges Bundesdirektorium (in dem Preußen nur über eine von fünf Stimmen verfügt hätte) sollte die oberste Exekutivgewalt übernehmen; als weitere Bundesorgane waren vorgesehen die Fürstenversammlung, der föderative Bundesrat (in dem Preußen drei von 21 Stimmen erhalten sollte), ein Bundes-

gericht sowie eine indirekt gewählte, nämlich aus Delegierten
der Landtage zusammengesetzte Bundesversammlung, also das
im Januar gescheiterte Delegiertenprojekt in neuem Gewande.
Im Vollzug einer derartigen Bundesreform – starke Ausweitung
der Kompetenz der Bundesorgane auf Kosten der Souveränität
der Bundesstaaten bei Überstimmbarkeit Preußens und unter
Wahrung der österreichischen Vormachtstellung – wäre der
Deutsche Bund vollständig zum Instrument österreichischer
Hegemonialpolitik geworden.

Der Vorstoß wurde als regelrechtes Überrumpelungsmanöver
in Szene gesetzt. Kaiser Franz Joseph besuchte Anfang August
1863 den im österreichischen Gastein zur Kur weilenden preußischen König (in dessen Begleitung sich auch Bismarck befand)
und lud ihn kurzfristig zu einer von ihm einberufenen Versammlung aller deutschen Souveräne in Frankfurt ein, bei der
am 16. August über die Bundesreform beraten werden solle;
den ausgearbeiteten österreichischen Entwurf einer Reformakte
hielt der Kaiser gegenüber dem preußischen König geheim und
ließ sich durch dessen Anregung, zunächst vorbereitende Mini-
sterialkonferenzen abzuhalten, nicht von seinem Vorhaben ab-
bringen. Entsprechend Bismarcks Empfehlung lehnte König
Wilhelm die Einladung nach Frankfurt ab. Als dann die Versammlung stattfand und die versammelten Fürsten stärkste
Pressionen auf den preußischen König ausübten (er hielt sich
inzwischen in Baden-Baden auf), sich doch nach Frankfurt zu
begeben, gelang es Bismarck nur unter stärkstem Einsatz und
mit der Drohung des Rücktritts, den König von der Reise abzuhalten. Damit wurde die österreichische Offensive zum Stehen
gebracht. Denn ohne Beitritt Preußens zu der Reformakte, die
der Fürstentag in leichter Modifizierung des österreichischen
Entwurfs verabschiedete, wollten zahlreiche Bundesmitglieder
diese nicht in Wirksamkeit gesetzt sehen. Das preußische Kabinett aber erhob drei Forderungen, ohne deren Erfüllung die Reformakte für Preußen unannehmbar sei – deren Erfüllung mußte
jedoch den ganzen Reformplan zunichte machen: Vetorecht der
beiden Großmächte zumindest bei Kriegserklärungen, Parität
der beiden Großmächte im Bundesvorsitz, Schaffung einer Na-

tionalrepräsentation beim Bund, hervorgegangen aus direkten Wahlen nach dem Maßstab der Bevölkerungszahl. Die österreichische Regierung lehnte ein Eingehen auf diese Forderungen kategorisch ab, und so verlief die österreichische Reforminitiative, die Bismarck zunächst in Bedrängnis gebracht hatte, im Herbst 1863 schließlich im Sande.

Aus der deutschlandpolitischen Defensive kam Bismarck endlich heraus, als die schon längere Zeit schwelende Krise um Schleswig-Holstein Ende 1863 in ihr akutes Stadium trat. Jetzt wurden die Karten neu – und anders – gemischt. Im November beschloß der dänische Reichstag die Einverleibung des (bisher vom König in Personalunion regierten) Herzogtums Schleswig in den dänischen Gesamtstaat, und gleichzeitig wurde durch den Tod des kinderlosen Königs Friedrich VII. die dänische Erbfolgefrage erneut aufgeworfen. Die Erbfolgefrage war durch das Londoner Protokoll von 1852 zugunsten der Glücksburger Linie entschieden worden – Christian IX. bestieg den dänischen Thron und bestätigte die neue Verfassung –, aber Prinz Friedrich von Augustenburg erhob Erbansprüche auf die Elbherzogtümer und wurde dabei vehement von der deutschen Nationalbewegung, aber auch von den Regierungen der deutschen Mittelstaaten unterstützt. Auch in Preußen genoß der liberalisierende Prätendent persönliche Sympathien, nicht nur bei der liberalen Opposition, sondern auch bei Königin Augusta, beim Kronprinzen und bei mehreren Ministern und Diplomaten.

Es war deshalb eine in Preußen und Deutschland höchst unpopuläre Entscheidung, die Bismarck traf, als er sich – im Einvernehmen mit Österreich – entschloß, zumindest vorläufig am Londoner Protokoll als einem internationalen Vertrag festzuhalten, schon allein, um – gestützt auf diese Rechtsgrundlage – eine Intervention der europäischen Mächte zu verhindern. Daß auch die österreichische Regierung diese Position bezog, war naheliegend, denn eine ganz vom nationalen Impetus getragene Aktion konnte und wollte sie nicht mitmachen: Der Bruch eines von Österreich mitunterzeichneten Vertrags und die Lösung eines territorialen Problems aufgrund des Nationalitätenprinzips – beides hätte an die Grundfesten des Habsburgerstaates gerührt. Das österreichische Kabinett folgte also durchaus den eigenen Interessen und der Staatsräson der Habsburgermonarchie, wenn es – unter Abkehr vom Standpunkt der mittelstaatlichen Regierungen – sich Ende 1863 mit Preußen über ein gemeinsames Vorgehen in der Schleswig-Holstein-Frage verständigte. Allerdings konnte nicht zweifelhaft sein, daß diese preußisch-österreichische Allianz den deutschlandpolitischen Spielraum Bismarcks schlagartig erweiterte. Schon allein aus geographischen Gründen kam Preußen nun in die Vorhand. Um es mit einer Formulierung von Heinrich Lutz zu sagen: «Nachdem Bismarck 1863 die ‹österreichische Schlinge› abgewehrt hatte, gelang es ihm, Österreich in Schleswig-Holstein die ‹preußische Schlinge› überzuwerfen.»

Zum Verlauf des Krieges gegen Dänemark nur wenige Sätze. Der Krieg begann am 1. Februar 1864, am 18. April stürmten preußische Truppen die Düppeler Schanzen. Im Frühsommer suchten die europäischen Mächte auf einer Konferenz in London erfolglos nach einer Kompromißlösung in der Schleswig-Holstein-Frage. Nach dem Scheitern dieser Konferenz sagten sich Preußen und Österreich vom Londoner Protokoll los und nahmen die Kampfhandlungen wieder auf, die in der Besetzung der Insel Alsen durch preußische Truppen (29. Juni) gipfelten. Jetzt gab Dänemark den Krieg verloren und suchte um Frieden nach.

Das Vorgehen in der Auseinandersetzung mit Dänemark gilt als Bismarcks diplomatisches Meisterstück, und er selbst hat es so gesehen: «Das ist die diplomatische Kampagne, auf die ich am stolzesten bin.» Den windungsreichen Weg in den Details zu verfolgen, ist hier nicht möglich. Einzugehen ist vor allem auf zwei Punkte: zum einen die Frage nach Bismarcks Zielen, zum andern das Resultat des dänischen Krieges mit seinen Auswirkungen auf das preußisch-österreichische Verhältnis. Was Bismarck als das für Preußen wünschenswerteste Ergebnis ansah, darüber gibt es keinen Zweifel: Angliederung der Elbherzogtümer an den preußischen Staat und damit Ausbau der preußischen Machtstellung in Norddeutschland. Aber – diese Feststellung ist ebenso wichtig –: Bismarck war nicht darauf fixiert, die Annexion Schleswig-Holsteins als das einzig mögliche Ziel der preußischen Politik zu betrachten und sie unabhängig von den Umständen zu erkämpfen, um jeden Preis, auch um den eines Bruchs mit Österreich. Seinen Freund Below-Hohendorf ließ er im Mai 1864 wissen: «Zur Beleuchtung der Situation bemerke ich noch schließlich, daß mir die preußische Annexion nicht der oberste und notwendige Zweck ist, wohl aber das angenehmste Resultat, falls es sich aus den Umständen ergäbe, ohne daß wir darüber mit Oestreich auseinander kommen.»

Weil Bismarck sich mehrere Optionen offenhielt, für ihn also auch andere Lösungen als die Annexion denkbar waren, gewann er große Bewegungsfreiheit für das taktische Vorgehen. Dieses hat er einmal in bildkräftiger Sprache mit einer Schnepfenjagd verglichen, «bei der man sich auf sumpfigem Gelände immer erst der Tragfähigkeit des nächsten Grasbüschels versichern müsse, ehe man es wagen dürfe, den nächsten Schritt zu tun».

Dänemark war im Konflikt in naiver Selbstüberschätzung unnachgiebig geblieben und hatte bis zuletzt auf eine tatkräftige Intervention der europäischen Mächte gehofft. Als diese ausblieb und die militärische Niederlage perfekt war, bat der dänische König um Waffenstillstand und Frieden. Dieser wurde am 1. August in Wien unterzeichnet. Artikel 1 lautete: «Der König von Dänemark entsagt allen seinen Rechten auf die Herzogtümer Schleswig, Holstein und Lauenburg zugunsten des Kaisers von Österreich und des Königs von Preußen und verpflichtet sich, die Verfügungen anzuerkennen, welche genannte Majestäten bezüglich dieser Herzogtümer treffen wollen.» Damit war Schleswig-Holstein dem Zugriff der europäischen Mächte entzogen und zu einer innerdeutschen Angelegenheit geworden, deren endgültige Lösung den beiden deutschen Führungsmächten vorbehalten blieb. Von einer Bereitschaft, die augustenburgische Anwartschaft anzuerkennen, war im Friedensvertrag keine Rede, auch der Deutsche Bund war nicht einbezogen. Das machte Bismarcks Triumph vollkommen. Selbst bei manchen innenpolitischen Gegnern kamen jetzt Zweifel auf, ob man den Konfliktminister nicht doch unterschätzt hatte. Weil allein der österreichische Kaiser und der preußische König über die Elbherzogtümer zu disponieren hatten, bekam Bismarck eine einzigartige Trumpfkarte in die Hand, und er war entschlossen, mit ihr das beste für Preußen herauszuholen.

Wie sollte es weitergehen? Um das zu besprechen, trafen sich der preußische König und Bismarck in Wien mit Kaiser Franz Joseph und seinem Außenminister Graf Rechberg (auch er ein alter Bekannter aus Bismarcks Frankfurter Tagen). Die Schönbrunner Gespräche vom 20. bis 24. August 1864 endeten ohne konkretes Ergebnis. Graf Rechberg hatte einen erstaunlichen Vertragsentwurf vorgelegt: Sollte es vor der definitiven Verfügung über die Herzogtümer zu einem bewaffneten Konflikt in Norditalien kommen, versprach Preußen der Habsburgermonarchie Waffenhilfe zur Rückgewinnung der Lombardei; als Gegenleistung werde dann der Kaiser seinen Anteil an den Rechten in den Herzogtümern an Preußen abtreten. Wahrscheinlich hat Rechberg vage Andeutungen Bismarcks als substantielle Angebote (miß)verstanden, denn es kann unmöglich Bismarcks Absicht gewesen sein, sich derart ins Schlepptau der Italienpolitik Österreichs zu begeben. Ließe sich Preußen, so hat er damals einmal bemerkt, auf eine Garantierung des österreichischen Besitzes in Italien ein, «so würde es einem Manne gleichen, der sein ganzes Eigentum in einen Koffer gepackt habe und den Schlüssel einem anderen übergebe». Es nimmt daher nicht wunder, daß in der Konferenz der beiden Monarchen mit ihren Außenministern am 24. August eine Vereinbarung im Sinne des Rechbergschen Vertragsentwurfs nicht zustande kam und man ohne eine Übereinkunft auseinanderging.

Aus dieser Tatsache darf aber nicht gefolgert werden, das Projekt dualistischer Politik sei damit gescheitert und Bismarck habe von nun an planmäßig auf eine bewaffnete Auseinandersetzung mit Österreich hingearbeitet, wie häufig behauptet wird. Das Bemühen um einen Ausgleich mit der Habsburgermonarchie – auf der Basis des österreichischen Zugeständnisses preußischer Hegemonie in Norddeutschland – blieb auch nach Schönbrunn eine der beiden Operationslinien Bismarcks. Es hing nach seiner Auffassung im wesentlichen von Österreich ab, welche der beiden Alternativen – Verständigung oder Konflikt – schließlich zum Zuge kommen würde. Ein schlechtes Omen

bedeutete es, daß der dem Bündnis mit Preußen geneigte Außenminister Graf Rechberg Ende Oktober 1864 sein Amt verlor,
weil es ihm nicht gelungen war, bei den zeitgleich mit den politischen Gesprächen geführten Verhandlungen über Handels- und
Zollpolitik etwas für Österreich zu erreichen. Die in Preußen
für die Wirtschaftspolitik Verantwortlichen lehnten es ab, im
neuen Zollvereinsvertrag die Möglichkeit von Unterhandlungen
über eine Zollunion mit Österreich vorzusehen. Mit ihrem kategorischen Nein setzten sie sich auch über Bismarcks mehrfach
geäußerten Wunsch hinweg, Graf Rechberg im Interesse des
Bündnisses etwas entgegenzukommen und ihm dadurch zu
einem wenigstens gesichtswahrenden Teilerfolg zu verhelfen.
Bismarck war, wie dieser Vorgang zeigt, keineswegs allmächtig.

Unter Rechbergs Nachfolger Graf Mensdorff-Pouilly gewannen in Österreich die großdeutschen Kreise stärkeren Einfluß,
die für eine Neuauflage des Zusammengehens mit den deutschen Mittel- und Kleinstaaten eintraten, um so die Voraussetzungen für eine weitere Bundesreforminitiative im österreichischen Sinne zu schaffen; dabei scheuten sie auch nicht die Konfrontation mit Preußen. Das Jahr 1865 stand daher im Zeichen
wachsender Spannungen, zu denen beide Seiten beitrugen. Auf
österreichischer Seite wurden Aufmarschpläne für den Krieg
ausgearbeitet, und man reizte Preußen, indem – unter Verletzung der bestehenden Abmachungen – die augustenburgische
Bewegung in Deutschland ermuntert und zugelassen wurde,
daß die Mittelstaaten sich am Bundestag für den Augustenburger und seine Ansprüche auf die Elbherzogtümer stark machten. In Preußen berief der König Ende Mai 1865 einen Kronrat
ein, um über die mißliche Lage zu beraten. Kriegsminister Roon
und Generalstabschef Moltke plädierten energisch für das Wag-
nis eines Krieges mit dem Ziel der Annexion von Schleswig und
Holstein durch Preußen. Bismarck war zwar der Meinung, ein
Krieg könne jetzt unter günstigen Bedingungen geführt werden,
aber er riet zum Abwarten, da noch nicht alle Möglichkeiten
einer friedlichen Lösung der Streitfragen ausgeschöpft seien und
die Annexion der Herzogtümer durch Preußen kein populäres
Kriegsziel war. Er schob die Verantwortung für den Kriegsent-

schluß dem König zu, der eine endgültige Entscheidung ver-
tagte.

In den folgenden Wochen blieb die Waage weiter in der
Schwebe zwischen Krieg und Frieden, bis es im August überra-
schenderweise zu einer zeitweiligen Entspannung kam. In Gastein, wo Bismarck sich zur Kur aufhielt, ging aus seinen Gesprächen mit dem österreichischen Diplomaten Graf Blome ein
Abkommen hervor, das von den beiden Monarchen ratifiziert
wurde und als «Konvention von Gastein» (14.8.1865) in die Geschichte eingegangen ist. Die wichtigste Bestimmung war, daß
bei Fortdauer der gemeinsamen Oberhoheit über die Herzogtümer eine provisorische Besitztrennung vorgenommen wurde:
Preußen fiel die Verwaltung Schleswigs zu, Österreich diejenige
Holsteins. Außerdem trat Kaiser Franz Joseph sein Anrecht auf
Lauenburg gegen Zahlung von 2,5 Millionen dänische Taler an
Preußen ab, das damit einen kleinen Gebietszuwachs erzielte.
Am 15. September 1865, dem Tag der Inkorporierung des Herzogtums Lauenburg in den preußischen Staat, erhob König Wilhelm seinen Ministerpräsidenten als «Bismarck-Schönhausen»
in den erblichen preußischen Grafenstand. Das preußische Abgeordnetenhaus, das schon eine Anleihe für den dänischen Krieg
abgelehnt hatte, erklärte übrigens mit 251 gegen 44 Stimmen
die Vereinigung Lauenburgs mit der preußischen Krone für
rechtsungültig, weil sie ohne Zustimmung des Landtags erfolgt
sei, ein Beschluß, der folgenlos blieb. Gewiß war die mit der
Konvention von Gastein getroffene Regelung ein Provisorium.
Aber nicht jedes Provisorium endet in einem Krieg.

Nach weitverbreiteter Meinung war es Bismarck, der seit Anfang 1866 zum Krieg mit der Habsburgermonarchie trieb, während auf seiten Wiens eine weitgehende Passivität bestanden
habe. Zu so einfachen Urteilen kann derjenige nicht gelangen,
der die Quellen unvoreingenommen auswertet. Gewiß gab es
für Bismarck in dem seit der Jahreswende 1865/66 – trotz Gastein – rasch eskalierenden Konflikt ein Minimalziel, das für ihn
nicht zur Disposition stand: Stärkung der preußischen Machtstellung in Norddeutschland – ein großpreußisches Programm,
wenn man es plakativ ausdrücken will. Erreicht werden konnte

dieses Minimalziel nach seiner Auffassung auch auf friedlichen Wegen, sei es durch Verständigung mit Österreich über eine Teilung der Macht in Deutschland, sei es durch eine Umgestaltung des Deutschen Bundes unter Berücksichtigung von Forderungen der nationalen Bewegung wie der nach Schaffung einer Nationalvertretung beim Bund. Die Errichtung eines kleindeutschen Nationalstaats in bewaffneter Auseinandersetzung mit Österreich war bis 1866 nicht die Dominante in Bismarcks Deutschlandpolitik, sondern das Bemühen, die Habsburgermonarchie für eine auf friedlichem Wege durchzuführende Teilung der Macht- und Interessensphären in Deutschland zu gewinnen.

Auf der anderen Seite war die österreichische Führung keineswegs so friedlich gesonnen, wie oft behauptet wird. Wenn die Versuche, zu einer dualistischen Lösung der deutschen Frage zu kommen, gescheitert sind, dann auch deshalb, weil die österreichische Führung sich in diesen Jahren nicht zu einer klaren Entscheidung durchringen konnte, welchen Weg sie in ihrer Deutschlandpolitik einschlagen wollte. Sie schwankte zwischen Anläufen in Richtung eines dualistischen Programms und hartnäckigem Bestehen auf dem österreichischen «Erstgeburtsrecht» in Deutschland, sich im Glauben wiegend, die Habsburgermonarchie sei stark genug, sowohl ihre deutsche wie ihre italienische Stellung mit eigener Kraft behaupten zu können, und habe es daher nicht nötig, einen Kompromiß mit Preußen anstreben zu müssen. Seit 1865 konnte sich in der österreichischen Führung immer stärker die großdeutsch-antipreußische Richtung durchsetzen, die eine Teilung des Oberbefehls ebenso entschieden ablehnte wie einen Verzicht auf die alleinige Präsidialwürde Österreichs. Hinzu kam der desolate Zustand der österreichischen Staatsfinanzen. Der Finanzminister erklärte trocken: Entweder Sanierung des Staatshaushalts durch eine preußische Kriegsentschädigung oder Staatsbankrott. Im Rückblick bedauerte der österreichische Außenminister Graf Mensdorff, daß er nach Gastein nicht zurückgetreten sei, als er mit seiner friedlichen Auffassung nicht durchdrang; er sei überstimmt worden von Politikern, die «durch einen kriegerischen Erfolg eine Machterhöhung für sich zu erzielen hofften, ohne zu bedenken, daß ...

zu einem solchen Erfolg die militärischen Voraussetzungen fehlten. Nie wurde von ernsten Männern eine Frage von so großer Tragweite mit mehr Leichtfertigkeit behandelt, als in jenem Zeitpunkt.» Zwar war das Bestreben Österreichs, die eigene Vormachtstellung im Deutschen Bund um jeden Preis aufrechtzuerhalten, nicht «unmoralischer» als der Wille der preußischen Führung, die Machtstellung Preußens in Norddeutschland auszubauen und im Bund die Parität mit Österreich durchzusetzen. Aber zu fragen ist doch, ob das starre und unnachgiebige Festhalten der österreichischen Regierung am Anspruch auf die Hegemonie in Deutschland, der inzwischen einer reellen staatspolitischen Grundlage entbehrte, politisch klug, ja in einem tieferen Sinn politisch verantwortbar war.

Vor dem Hintergrund dieser grundsätzlichen Bemerkungen seien nun kurz die wichtigsten Stationen in der Konflikteskalation bezeichnet. Das Wiener Kabinett benutzte als Hebel den Augustenburger, indem es der augustenburgischen Propaganda in Holstein nicht entgegentrat. Im Januar 1866 duldete der österreichische Statthalter, daß auf einer Massenkundgebung im holsteinischen Altona Prinz Friedrich als Landesvater gefeiert wurde. Bismarck, der dadurch die Rechte des preußischen Königs als Mitbesitzer Holsteins verletzt sah, erhob einen geharnischten Protest, auf den Wien kein Zeichen des Einlenkens gab. Die Eskalation schritt nun rasch voran.

Ende Februar befaßte sich sowohl der österreichische Ministerrat als auch der preußische Kronrat mit der Frage von Krieg und Frieden. Am 21. Februar beschloß der österreichische Ministerrat Kriegsvorbereitungen. Im preußischen Kronrat, eine Woche später, waren sich die Teilnehmer, mit Ausnahme des Kronprinzen, einig, ein Krieg sei jetzt praktisch unvermeidlich. Zwar wollte man ihn nicht bewußt herbeiführen, aber es gelte, sich diplomatisch und militärisch darauf einzustellen.

Bismarck, der nun mit der Wahrscheinlichkeit des Krieges rechnete, wollte allerdings nicht völlig ausschließen, daß die Demonstration preußischer Entschlossenheit, den Krieg nicht zu scheuen, noch im letzten Augenblick die Österreicher zum Einlenken zwingen könnte. Bei den jetzt aufgenommenen Bündnisverhandlungen mit Italien nahm er deshalb in die Instruktion die Sätze auf, es müsse sich um ein eventuelles Bündnis handeln, «welches die beiden Mächte nicht schon jetzt zum Beginn des Krieges unter allen Umständen verpflichte ... Für uns sind die Dinge noch nicht so weit gediehen. Die Anlässe zu einem Konflikt zwischen Preußen und Österreich sind noch in der Entwicklung begriffen.» Das Bündnis mit Italien (der auf drei Monate befristete Bündnisvertrag wurde am 8. April abgeschlossen) war das eine. Das Agieren auf dem deutschen Kampffeld war das andere. Bismarck kam es darauf an, daß es jetzt nicht mehr in erster Linie um die Elbherzogtümer ging, sondern um die deutsche Frage. Darauf zielte der am 9. April beim Bundestag eingebrachte Antrag auf eine sofortige umfassende Bundesreform, bei der eine – in direkter Wahl mit allgemeinem Stimmrecht gewählte – Vertretung der Bevölkerung mitwirken sollte. So sensationell dieser Antrag wirkte (und so wenig er die Liberalen zu beeindrucken vermochte), Bismarck knüpfte hier an Vorschläge an, die er bereits 1863 öffentlich kundgetan hatte. Der Reformantrag stellte eine Herausforderung Österreichs dar, aber wie sehr auch die Habsburgermonarchie sowie die Mittel- und die meisten Kleinstaaten dagegen Stellung bezogen – die Totalreform des Deutschen Bundes stand nunmehr auf der Tagesordnung.

Ende April befahl Kaiser Franz Joseph die Mobilmachung der Südarmee, und das Wiener Kabinett kündigte an, es werde die Entscheidung über das Schicksal der Elbherzogtümer an den Deutschen Bund überweisen. Das bedeutete faktisch die Preisgabe der Gasteiner Konvention und war bereits eine Art Kriegserklärung.

Ein in diesen Wochen unternommener letzter Verständigungsversuch auf der dualistischen Linie («Mission Gablenz»), auf den Preußen einging, wurde von Österreich abgelehnt, und im Mai brachte Wien auch einen (von Preußen bereits angenommenen) Kongreßvorschlag Napoleons III. zum Scheitern. Doch am 12. Juni schloß die Habsburgermonarchie mit Frankreich einen Geheimvertrag, in dem sie sich verpflichtete, selbst bei einem österreichischen Sieg Venetien abzutreten, während Frankreich seine Neutralität zusicherte und versprach, österreichischem

Territorialerwerb in Deutschland auf Kosten Preußens nichts in den Weg zu legen; ferner wurde in Aussicht genommen, aus linksrheinischen preußischen Gebieten einen Frankreich konvenierenden unabhängigen Rheinstaat zu schaffen.

Seit Mai waren auf beiden Seiten Mobilmachungsmaßnahmen im Gange. Am 1. Juni legte Österreich tatsächlich die Entscheidung über die Herzogtümer in die Hände des Bundes. Die preußische Reaktion auf den Bruch der Gasteiner Konvention bestand darin, daß preußische Truppen – kampflos – Holstein besetzten (9. Juni) und im Bundestag ein präzisierter Reformantrag eingebracht wurde, der auf einen Ausschluß Österreichs aus dem Bund hinauslief (10. Juni). Am nächsten Tag brach Österreich die diplomatischen Beziehungen zu Preußen ab und beantragte in Frankfurt die Mobilmachung der gesamten Bundesarmee gegen Preußen. Als am 14. Juni dieser Antrag mit neun gegen sechs Stimmen die erwartete Mehrheit erhalten hatte, erklärte der preußische Bundestagsgesandte (es war Bismarcks einstiger Referendarkollege von Savigny), Preußen betrachte den Bundesvertrag als «gebrochen» und «erloschen». Nun war der Krieg nicht mehr aufzuhalten.

Die Frühjahrswochen 1866 waren wohl die schwierigste Zeit, die der im politischen Kampf gestählte preußische Ministerpräsident erlebt hat. Er mußte nicht nur in einem fluktuierenden europäischen Kräftefeld die jeweils erfolgversprechenden Schachzüge planen und durchführen, sondern er hatte es auch im eigenen Lager mit einer Fronde zu tun, die auf seinen Sturz abzielte. Königin Augusta, das Kronprinzenpaar, des Königs Schwiegersohn Großherzog Friedrich von Baden und andere bearbeiteten Wilhelm I. in diesem Sinne und hatten mit dem Pariser Botschafter von der Goltz auch schon einen Nachfolger parat. Wie unbeliebt Bismarck damals in weiten Kreisen war, zeigten die Reaktionen auf das Attentat, das der Student Ferdinand Cohen-Blind am 7. Mai auf ihn verübte (und bei dem er wie durch ein Wunder unverletzt blieb): Der von Bismarck entwaffnete Attentäter, der sich in der Haft das Leben nahm, fand vielerorts in Deutschland Verständnis und Anteilnahme. Doch ab Anfang Juni waren die Fronten klar. Nachdem Österreich die Vermittlungsmission Gablenz abgelehnt, den französischen Kongreßplan torpediert, die Gasteiner Konvention zerrissen, die diplomatischen Beziehungen abgebrochen hatte, war König Wilhelm I. bereit, den unvermeidlich gewordenen Krieg entschlossen durchzufechten.

Der Verlauf des Feldzugs ist bekannt, hier nur einige Stichworte: 17.–19. Juni Besetzung von Hannover, Sachsen und Kurhessen durch preußische Truppen, nachdem die Regierungen ein preußisches Ultimatum abgelehnt hatten; 28. Juni Kapitulation der hannoverschen Armee bei Langensalza; 26.–29. Juni erste preußische Siege in Böhmen und dann am 3. Juli die Schlacht bei Königgrätz, in der – dank Moltkes genialer Strategie – die österreichische Armee eine so verheerende Niederlage erlitt, daß Kaiser Franz Joseph um Waffenstillstand und Frieden nachsuchte, wofür er Napoleon III. um Vermittlung bat. Am Tag von Königgrätz wählten die Preußen einen neuen Landtag. Obwohl der Ausgang der Schlacht noch nicht bekannt war, konnten die Konservativen einen stolzen Erfolg verbuchen (142 Mandate statt vorher 28), die Mandatszahl von Fortschrittspartei und linkem Zentrum ging stark zurück (zusammen 148 statt bisher 253). Mit diesem Abgeordnetenhaus konnte eine Beilegung des Verfassungskonflikts versucht werden. Zuvor jedoch ging es um den Friedensschluß.

Nach Königgrätz hielt es Bismarck für unbedingt geboten, den Krieg rasch zu beenden, schon um die Gefahr einer Einmischung der europäischen Mächte zu bannen. Am 9. Juli schrieb er an Johanna: «Uns geht es gut, trotz Napoleon; wenn wir nicht übertrieben in unsern Ansprüchen sind und nicht glauben, die Welt erobert zu haben, so werden wir auch einen Frieden erlangen, der der Mühe wert ist. Aber wir sind ebenso schnell berauscht wie verzagt, und ich habe die undankbare Aufgabe, Wasser in den brausenden Wein zu gießen und geltend zu machen, daß wir nicht allein in Europa leben, sondern mit drei Mächten, die uns hassen und neiden.»

Für die von ihm für notwendig gehaltene schonende Behandlung Österreichs mußte Bismarck zuerst seinen König gewinnen. Das war schwer genug, denn Wilhelm I. wollte den Triumph der preußischen Waffen mit einem Einzug in Wien krönen. Die zermürbenden Diskussionen mit dem König, die ihn an den Rand eines Nervenzusammenbruchs brachten, hat Bismarck unzählige Male dramatisch geschildert. Erst dank der Unterstützung durch den Kronprinzen gelang es ihm schließlich, Wilhelm zum Einlenken zu bewegen. Die Friedensverhandlungen wurden im Dreieck Schloß Nikolsburg (Sitz des preußischen Hauptquartiers) – Wien – Paris geführt, denn die zu findende Regelung bedurfte des Einverständnisses des französischen Kaisers. Dessen Kalkül, bei einem sich länger hinziehenden Krieg intervenieren und Kompensationsforderungen stellen zu können, hatten die schnellen preußischen Siege durchkreuzt, aber die Vorstellungen des Friedensvermittlers wollten berücksichtigt sein, und sie waren tatsächlich vereinbar mit den beiden Kernforderungen Bismarcks: Ausdehnung der preußischen Machtstellung in Norddeutschland, Ausscheiden Österreichs aus Deutschland. So kam relativ rasch der Vorfrieden von Nikolsburg zwischen Preußen und Österreich zustande (26. Juli). Preußen verzichtete auf eine österreichische Gebietsabtretung, Kaiser Franz Joseph anerkannte die Auflösung des Deutschen Bundes, gab seine Zustimmung zu einer «neuen Gestaltung Deutschlands ohne Beteiligung des österreichischen Kaiserstaates», versprach, das engere Bundesverhältnis anzuerkennen, welches Preußen nördlich der Mainlinie begründen werde und übertrug Preußen seine Rechte auf die Herzogtümer Schleswig und Holstein. Diese Bestimmungen bestätigte der Definitivfrieden von Prag (23. August 1866).

Trotz der Mäßigung gegenüber der besiegten Habsburgermonarchie brachte der Kriegsausgang dem preußischen Staat reichen Territorialgewinn durch die Totalannexion von Hannover, Kurhessen und Nassau sowie von Schleswig-Holstein und der Freien Stadt Frankfurt. Die Depossedierung von drei legitimen Fürstenhäusern kam Wilhelm I. hart an, auch der russische Zar war mit diesem revolutionären Akt, den er als Angriff auf die «monarchische Solidarität» bewertete, gar nicht einverstanden. Doch Bismarck setzte sich über derartige Bedenken hinweg, um Preußen ein zusammenhängendes Staatsgebiet zu sichern, vergrößert um ein Fünftel des bisherigen Umfangs. Der Kampf um die Vorherrschaft in Deutschland war beendet.

Nach dem Abschluß des Präliminarfriedens wurden die Augustwochen des Jahres 1866 mit die aufreibendsten in Bismarcks Leben. In eben jenen Tagen, in denen die Verhandlungen über den Definitivfrieden mit Österreich, über die Friedensverträge mit den süddeutschen Staaten, über die Schaffung des Norddeutschen Bundes, über die Eingliederung der zu annektierenden Gebiete und über die Beendigung des Verfassungskonflikts die höchste Anspannung aller Kräfte erforderten, galt es nun auch noch, die bedrohlichen französischen Kompensationsforderungen abzuwehren, mit denen der französische Botschafter Benedetti Bismarck am 5. August konfrontierte: Gebietsabtretungen an Frankreich auf dem linken Rheinufer, freie Hand für Frankreich gegenüber Luxemburg und Belgien. Durch geschicktes Temporisieren gelang es Bismarck, vorläufig eine Entscheidung zu umgehen, und der Hinweis auf die französischen Begehrlichkeiten ermöglichte ihm im August den Abschluß von Schutz- und Trutzbündnissen mit Bayern, Württemberg und Baden.

Nach dem Sieg im Kampf um die Vorherrschaft in Deutschland hielt Bismarck den Zeitpunkt für gekommen, auch im Innern Frieden zu schließen, das heißt: einen Schlußstrich unter den Verfassungskonflikt zu ziehen. Gegen den Widerstand mehrerer Ministerkollegen und konservativer Parteifreunde brachte er den König dazu, in der Thronrede bei Eröffnung des neugewählten Abgeordnetenhauses zu erklären, die Staatsausgaben der letzten Jahre hätten der gesetzlichen Grundlage entbehrt. Daher werde das Haus gebeten, nachträglich die seither getätigten Ausgaben zu billigen und der Regierung «Indemnität» (Straflosigkeit) zu erteilen. Bismarck hatte richtig gerechnet. Am 3. September nahm das Abgeordnetenhaus die Indemnitätsvorlage mit großer Mehrheit (230 gegen 75 Stimmen) an. Für die Vorlage votierten die Konservativen sowie eine erhebliche Zahl der Abgeordneten von Fortschrittspartei und linkem Zentrum. Hier deutete sich bereits an, was für die folgenden Jahre zunehmend an Wichtigkeit gewinnen sollte: eine Spaltung der Liberalen in eine Bismarcks Politik stützende nationalliberale Richtung und eine intransigente Linke. Nach dem Sieg gegen Österreich war der Friedensschluß im Innern zweifellos ein weiterer großer Erfolg Bismarcks.

Auf Antrag des Königs bewilligte das Abgeordnetenhaus für Bismarck eine Dotation von 400000 Talern. Mit dieser Zuwendung kaufte er im Frühjahr 1867 die hinterpommersche Herrschaft Varzin (30 Kilometer südlich von Stolp), ein ausgedehntes Rittergut mit sieben Dörfern; die 5500 Hektar, fast zur Hälfte Wald, wurden durch Zukäufe zielstrebig um 2500 Hektar erweitert. Hier fand Bismarck sein geliebtes Refugium, in dem er – wann immer möglich – Tage und Wochen verbrachte.

Am 20. September 1866 zogen die siegreichen preußischen Regimenter unter überschwenglichem Jubel der Bevölkerung feierlich durch das Brandenburger Tor in die Hauptstadt ein, vor dem Wagen des Königs hoch zu Roß die drei «Paladine» Moltke, Roon und Bismarck, dieser in der Uniform eines Generalmajors, zu dem ihn der König noch auf dem Schlachtfeld von Königgrätz ernannt hatte. Wenige Tage nach diesem 20. September verließ Bismarck für längere Zeit Berlin, denn er war nach den ungeheuren Strapazen der zurückliegenden Monate, in denen er seinen Willen gegen alle widerstrebenden Gewalten durchsetzen mußte, völlig erschöpft; er selbst sprach von einem «Nervenbankrott». Nach kurzem Aufenthalt auf dem pommerschen Gut eines Vetters verbrachte er die Wochen des neuen Kräfteschöpfens als Gast des Fürsten Putbus auf der Insel Rügen. Von dort aus bereitete er, als er sich einigermaßen erholt hatte, die Verfassungsgebung für den Norddeutschen Bund vor.

Mitte August 1866 hatte Preußen mit den nord- und mitteldeutschen Staaten, die nicht auf Seiten Österreichs in den Krieg gegen Preußen eingetreten waren, ein förmliches Verfassungsbündnis abgeschlossen, dem später noch Sachsen und Hessen (für sein Gebiet nördlich des Mains) beitraten. Diese 22 Staaten hatten sich verpflichtet, innerhalb Jahresfrist den neuen Bund zu schaffen. Bismarck wollte ihn möglichst wenig zentralistisch ausgestalten, um einen späteren Beitritt der süddeutschen Staaten zu erleichtern. In den «Putbuser Diktaten», in denen er die Grundzüge der Verfassung entwarf, formulierte er seinen Leit-

gedanken so: «Man wird sich in der Form mehr an den Staaten-
bund halten müssen, diesem aber praktisch die Natur des Bundesstaates geben mit elastischen, unscheinbaren, aber weitgrei-
fenden Ausdrücken. Als Zentralbehörde wird daher nicht ein
Ministerium, sondern ein Bundestag fungieren.» Die nach seinen Weisungen ausgearbeiteten Entwürfe der Mitarbeiter hat
Bismarck überprüft und zum Teil umformuliert. Daher trug der
Verfassungsentwurf, der im Dezember von Regierung und Kronrat Preußens angenommen und danach den Bevollmächtigten
der «verbündeten Regierungen» vorgelegt wurde, ganz Bismarcks Handschrift. Er war seine Schöpfung. Nach dem nur
leicht modifizierten Paulskirchenwahlrecht fand am 12. Februar
1867 die Wahl zum konstituierenden Reichstag des Norddeutschen Bundes statt, bei der die Nationalliberalen sehr gut ab-
schnitten, die Reste der Fortschrittspartei schlecht. Seine Rede
zum Verfassungsentwurf am 11. März schloß Bismarck mit dem
berühmt gewordenen Satz: «Setzen wir Deutschland, sozusagen,
in den Sattel! Reiten wird es schon können!» In den Beratungen
drückte Bismarck – mit Verweis auf die gesetzte Frist (18. August 1867) – mächtig aufs Tempo, und tatsächlich konnte die
Verfassungsarbeit innerhalb von sieben Wochen abgeschlossen
werden. Am 16. April wurde die Verfassung mit breiter Mehrheit (230 gegen 53 Stimmen) angenommen; am 1. Juli 1867 trat
sie in Kraft.

Bismarck hatte die Verfassung als straffes Organisationssta-
tut entworfen (ohne Grundrechtsteil, da die Grundrechte bereits
in den einzelstaatlichen Verfassungen verankert waren): an der
Spitze der preußische König als «Präsidium» mit ausgedehnten
Befugnissen; als Organ der Regierungen und Gegengewicht zum
Parlament ein «Bundesrat» (in dem auf Preußen 17 der 43 Stimmen entfielen, obwohl es 80% der Bevölkerung stellte); kein
verantwortliches Ministerium, an das sich der Reichstag halten
konnte.

Diese Grundstruktur des Entwurfs blieb erhalten, aber in den
Beratungen erfuhr die Vorlage doch eine Reihe von Veränderungen. Während Bismarck in einigen Punkten unnachgiebig
blieb (z. B. Ablehnung von Diäten für die Abgeordneten), war

er bei anderen zu Entgegenkommen bereit. So wurden die Vorschriften über die Stellung des Reichstags und seiner Mitglieder präzisiert, die Bundeskompetenzen erweitert (Einbeziehung von Strafrecht, Staatsbürger-, Prozeß- und Obligationenrecht in die Bundesgesetzgebung) und die jährliche Festlegung von Einnahmen und Ausgaben des Bundes durch Haushaltsgesetz durchgesetzt. Heftige Diskussionen gab es über den Antrag, ein verantwortliches Bundesministerium mit einem Bundeskanzler an der Spitze zu errichten. Die Mehrheit beugte sich hier dem kategorischen «Nein» Bismarcks. Hingegen wurde ein Antrag Bennigsens angenommen, der die Gültigkeit aller Akte des Bundespräsidiums abhängig machte von der Gegenzeichnung des Bundeskanzlers, «welcher dadurch die Verantwortung übernimmt». Damit wurde das Amt des Bundeskanzlers auf eine neue Ebene gehoben: Er war nun nicht mehr nur ein weisungsgebundener Beamter, sondern der einzige verantwortliche Bundesminister. Daher entschloß sich Bismarck jetzt – entgegen seiner anfänglichen Absicht – das Amt selbst zu übernehmen; am 14. Juli 1867 wurde er zum Bundeskanzler ernannt.

Er war zu dieser Zeit häufig krank. Die Verhandlungen mit dem König, mit seinen preußischen Ministerkollegen, mit drei Parlamenten, zweiundzwanzig Gliedstaatsregierungen und den auswärtigen Mächten zehrten an seinen Kräften und setzten seinen Nerven zu. Die viel im Hause Bismarck verkehrende Baronin Spitzemberg vermerkte im April 1867 in ihrem Tagebuch: «Bismarck selbst ist so leidend, daß er es kaum mehr aushält», und er selbst äußerte im März 1868: «Die Tatsache ist, daß ich seit Anfang Dezember 1865 in einem Zustande bin, den ich als eine fortwährende Krankheit bezeichnen muß. Es ist ein Zustand, der sich in wechselnden körperlichen Symptomen äußert, denen eine Erschöpfung der Nerven zugrunde liegt, und der mir jede lange fortgesetzte geistige Tätigkeit erschwert, mitunter verbietet.» Um so höher ist es zu bewerten, daß er – ungeachtet seines von ihm als «Nervenbankrott» empfundenen Zustands – ein gewaltiges Arbeitspensum bewältigte, die Entwicklungen auf der deutschen und außerdeutschen politischen Bühne mit Argusaugen beobachtete und die Tätigkeit von Regierung und

Parlament souverän kontrollierte. Zunächst ging es um die Konsolidierung des Norddeutschen Bundes.

Der am 31. August 1867 gewählte erste Reichstag (in dem etwa das gleiche politische Kräfteverhältnis bestand wie im konstituierenden Reichstag) arbeitete als eine «parlamentarische Hochdruckmaschine» (Bismarck). Durch eine Fülle von Gesetzen wurde der Prozeß der Ausbildung einer modernen Industriegesellschaft und der Schaffung eines einheitlichen Rechtsraumes zügig vorangetrieben: Freizügigkeit im ganzen Bundesgebiet, Aufhebung von Ehehindernissen und Abschaffung der Schuldhaft, Vereinheitlichung von Maßen und Gewichten, Förderung des Verkehrs, Koalitionsrecht für Arbeiter in einer auf dem Prinzip der Gewerbefreiheit aufgebauten Gewerbeordnung, Verabschiedung eines Handelsgesetzbuches und eines Strafgesetzbuches für den norddeutschen Raum, Errichtung eines Oberhandelsgerichts (in Leipzig), Freiheit zur Gründung von Aktiengesellschaften, ohne daß vorgängig um staatliche Konzessionierung nachgesucht werden mußte. Bismarcks eigener Anteil an diesem imposanten Reformwerk war bedeutend, die praktische Durchführung überließ er aber dem Präsidenten des Bundeskanzleramts Rudolf von Delbrück. Er hatte diesen ungewöhnlich leistungsstarken Beamten schon in seiner Frankfurter Zeit kennen- und schätzengelernt, 1867 verhalf er ihm an die Spitze des Bundeskanzleramts. Es war ebensosehr Bismarcks wie Delbrücks Verdienst, daß der Norddeutsche Bund in kürzester Zeit die modernste Wirtschafts- und Sozialverfassung im damaligen Europa erhielt.

In eben jenen Wochen, in denen der konstituierende Reichstag die Verfassung erarbeitete, liefen auch die Verhandlungen über eine Reorganisation des Zollvereins (dem ja auch die süddeutschen Staaten angehörten). Diese Verhandlungen kamen im Juni 1867 zum Abschluß. Der Zollverein wurde zu einem Zollbundesstaat mit den beiden Körperschaften Zollbundesrat und Zollparlament. Bei der Behandlung einschlägiger Fragen tagte das Zollparlament. Es bestand aus den 297 Abgeordneten des Norddeutschen Reichstags und 85 Vertretern der süddeutschen Staaten, die im Februar 1868 nach Reichstagswahlrecht gewählt wurden. Daß bei diesen Zollparlamentswahlen in Bayern und Württemberg zahlreiche Kandidaten eine deutliche Schlappe erlitten, die für den baldigen Anschluß ihrer Staaten an den Norddeutschen Bund eintraten, bestärkte Bismarck in seiner Auffassung, diese Staaten seien noch nicht «reif» für den Eintritt in den Bund.

Der Ausgang der Zollparlamentswahlen, der klar die Vorbehalte einer Wählermehrheit im Süden gegen einen Anschluß an den Norddeutschen Bund zum Ausdruck brachte – das war der eine Grund, der Bismarck bewog, bei der Fortführung des Einigungsprozesses sich jetzt auf längere Fristen einzurichten. Der andere Grund erwuchs aus der internationalen Konstellation, insbesondere der Haltung Frankreichs, das keinen Zweifel daran ließ, daß es ein Überschreiten der Mainlinie nicht zulassen wollte. Im Verhältnis zu Frankreich bedeutete die Luxemburgkrise vom Frühjahr 1867 – mitten in den Verfassungsberatungen des Norddeutschen Reichstags – eine Art Wendepunkt. Um was ging es?

Nachdem die weitreichenden französischen Kompensationsforderungen vom August 1866 ins Leere gegangen waren, konzentrierten sich Napoleon und sein Kabinett darauf, Luxemburg für Frankreich zu erwerben. Das Großherzogtum, durch Personalunion mit den Niederlanden verbunden, gehörte dem Deutschen Bund (und dem Zollverein) an, die Stadt Luxemburg war eine Bundesfestung mit preußischer Garnison. Die Auflösung des Deutschen Bundes ließ das Großherzogtum zu einem selbständigen Kleinstaat werden und machte den Status der preußischen Garnison fragwürdig. Bismarck setzte den französischen Aspirationen auf Luxemburg im Winter 1866/67 kein grundsätzliches Nein entgegen, wünschte aber ein geschicktes französisches Vorgehen, damit ein Aufbranden des deutschen Nationalgefühls vermieden würde (die Bevölkerung des Großherzogtums sprach mehrheitlich einen deutschen Dialekt). Besonders geschickt gingen Napoleon und seine Minister indessen nicht vor. Im März 1867 begannen sie Geheimverhandlungen mit dem niederländischen König Wilhelm III. Dieser erklärte sich bereit, Luxemburg gegen eine Entschädigung von fünf Millionen Gul-

den an Frankreich abzutreten, machte aber die Zustimmung des
preußischen Königs zur Bedingung der Transaktion, die jetzt
zum Gegenstand erregter Diskussionen in der deutschen Öffentlichkeit wurde. Bismarck befand sich in einer mißlichen Lage. Er
gab den Text der Schutz- und Trutzbündnisse mit den süddeutschen Staaten zur Veröffentlichung frei, strebte aber eine friedliche Lösung der Krise an, während in Militärkreisen durchaus
kriegerische Stimmungen bestanden. Seinem Mitarbeiter Keudell sagte Bismarck damals: «Man darf nicht Krieg führen, wenn
es mit Ehren zu vermeiden ist; die Chance günstigen Erfolgs ist
keine gerechte Ursache, einen großen Krieg anzufangen.»

Tatsächlich gelang eine friedliche Beilegung der Krise. Angesichts der Entrüstung in der deutschen öffentlichen Meinung
unterzeichnete der niederländische König nicht den ausgearbeiteten Vertrag; die Abtretung Luxemburgs an Frankreich unter-
blieb. Auf einer internationalen Konferenz in London Anfang
Mai wurde die Neutralisierung Luxemburgs unter kollektiver
Garantie Großbritanniens, Frankreichs, Preußens, Italiens und
Rußlands beschlossen; die preußische Garnison zog ab, die Festung wurde geschleift. Durch diesen Ausgang der Luxemburgkrise fühlten sich Napoleon und seine Regierung von Bismarck
hintergangen und gingen auf einen Konfrontationskurs gegenüber Preußen. Von nun an war klar, daß sich die Einbeziehung
der süddeutschen Staaten in den Norddeutschen Bund nur gegen Frankreichs Widerstand durchsetzen lassen würde.

Während die deutsche Nationalbewegung das 1866/67 Erreichte lediglich als eine Übergangsordnung betrachtete und –
kriegerische Verwicklungen nicht scheuend – kraftvolle Ini-
tiativen zur Vollendung der deutschen Einheit forderte, sah
Bismarck im Norddeutschen Bund keineswegs ein bloßes Provisorium, das möglichst rasch und um jeden Preis in einen kleindeutschen Staat zu transformieren war; wesentliche Elemente
der inneren Struktur des Bundes galten ihm als definitiv. Er verfolgte daher gegenüber den süddeutschen Staaten eine Politik
vorsichtiger Mäßigung, ihm genügte es vorläufig, daß mit den
Schutz- und Trutzbündnissen und dem Zollverein zwei trag-
fähige Brücken über den Main existierten. Er wollte, so Lothar

Gall, objektive Bindungen und strukturelle Einflußmöglichkeiten schaffen, im Heerwesen, in der Handels- und Zollpolitik, durch Allianzautomatismen, durch Angleichung gesetzlicher Normen auf vielen Gebieten. Auf diese Weise sollte ein immer dichteres Geflecht entstehen, das schließlich die Monarchen und ihre Regierungen aus Gründen der Staats- und Machträson zum Anschluß an den Norddeutschen Bund veranlassen würde.

Daß Bismarck es ablehnte, Druck auf die Süddeutschen auszuüben oder gar eine Anschlußbewegung zu entfesseln, verargte man ihm in den nationalen Kreisen, und angesichts der 1866/67 geweckten hohen Erwartungen barg die Zurückhaltung durchaus gewisse Risiken. Doch Bismarck hat konsequent an seiner Linie festgehalten, die er wieder und wieder in eindringlichen Formulierungen begründete und verteidigte. Am bekanntesten sind die Sätze aus dem Februar 1869: «Daß die deutsche Einheit durch gewaltsame Ereignisse gefördert werden würde, halte auch ich für wahrscheinlich. Aber eine ganz andere Frage ist der Beruf, eine gewaltsame Katastrophe herbeizuführen, und die Verantwortlichkeit für die Wahl des Zeitpunkts. Ein willkürliches, nur nach subjektiven Gründen bestimmtes Eingreifen in die Entwicklung der Geschichte hat immer nur das Abschlagen unreifer Früchte zur Folge gehabt; und daß die deutsche Einheit in diesem Augenblick keine reife Frucht ist, fällt meines Erachtens in die Augen. ... Wir können die Uhren vorstellen, die Zeit geht aber deshalb nicht rascher, und die Fähigkeit zu warten, während die Verhältnisse sich entwickeln, ist eine Vorbedingung praktischer Politik.»

Man kann sagen, der Einigungsprozeß habe zwischen 1868 und 1870 stagniert – aber was heißt Stagnation, wo es sich um die kurze Zeitspanne von kaum zwei Jahren handelte? Da Bismarck nicht darauf setzte, den Anschluß der süddeutschen Staaten rasch und auf einen Schlag herbeizuführen, fühlte er sich Anfang 1870 nicht unter extremem Zeitdruck oder gar in einer Sackgasse seiner Deutschlandpolitik. Dieser vor allem von Lothar Gall herausgearbeitete Befund ist deshalb wichtig, weil sich daraus ergibt, daß sich Bismarck am Beginn des neuen Jahrzehnts nicht unter dem Zwang zu einer Flucht nach vorn sah, wie manche Historiker meinen, etwa Otto Pflanze, der behauptet: «So waren die deutschen Angelegenheiten wieder einmal in eine Sackgasse geraten, aus welcher eine Krise oder gar ein Krieg mit Frankreich den einzig möglichen Ausweg zu versprechen schien.»

Damit befinden wir uns bereits im Vorfeld des Krieges von 1870. War dieser Krieg unvermeidlich? Wer trägt die Hauptverantwortung für den Ausbruch des Krieges? Darüber gingen und gehen die Meinungen auseinander. Ohne Zweifel war der französisch-preußische Antagonismus seit 1867 ein zentrales Element der europäischen Konstellation. Dieser wird aber eine finale Betrachtungsweise nicht gerecht, die von der Prämisse ausgeht, ein kriegerischer Konflikt zwischen Frankreich, das sich in seiner Hegemonialstellung bedroht fühlte, und der im Aufstieg befindlichen deutschen Führungsmacht Preußen sei schlechthin unvermeidlich gewesen. Gegen die Angemessenheit einer solchen Betrachtungsweise spricht u. a. die Tatsache, daß man in den europäischen Staatskanzleien um den schlechten Gesundheitszustand des französischen Kaisers wußte (er starb Anfang Januar 1873). Angesichts der Struktur des bonapartistischen Systems ließ es sich überhaupt nicht absehen, wie sich bei einem Ausscheiden Napoleons aus seiner Führungsfunktion die inneren Verhältnisse in Frankreich entwickeln würden, und von dieser Entwicklung wiederum hing es ab, ob sich die Aussichten für die Erhaltung des Friedens in Europa günstiger oder ungünstiger gestalteten. Es war deshalb ein situationsadäquates politisches Kalkül, auf Zeitgewinn zu setzen, weil eine allmähliche Entspannung im deutsch-französischen Verhältnis, wenn auch kurzfristig unwahrscheinlich, so doch mittelfristig nicht gänzlich außerhalb des Bereichs der Möglichkeiten lag. Eine solche Einschätzung hat auch Bismarck immer wieder zum Ausdruck gebracht.

Ausgangspunkt der in den Julitagen 1870 rasant eskalierenden Krise war die spanische Thronkandidatur des Erbprinzen Leopold von Hohenzollern-Sigmaringen. Es handelt sich um die wohl kürzeste, in einen Krieg ausmündende Krise in der europäischen Geschichte: Zwischen dem «Platzen der spanischen

Bombe» am 3. Juli und dem Mobilmachungsbeschluß des Pariser Kabinetts am Nachmittag des 14. Juli lagen nicht einmal volle zwei Wochen. Weshalb konnte die Hohenzollernkandidatur eine derartige Sprengkraft entfalten? In Spanien war im September 1868 durch einen von weiten Teilen der Bevölkerung unterstützten Militärputsch das restaurative Regime gestürzt und Königin Isabella zur Flucht aus Spanien gezwungen worden. Seitdem suchten die spanischen Machthaber einen neuen spanischen König. Nach mehreren Fehlschlägen wandte sich der spanische Regierungschef Marschall Prim im Februar 1870 an die Familie der Sigmaringer Hohenzollern und bot Erbprinz Leopold die spanische Krone an; Leopold war katholisch, verheiratet mit der Schwester des Königs von Portugal, seine beiden Großmütter waren mit der Familie Bonaparte verwandt, sein jüngerer Bruder war mit Unterstützung Napoleons 1866 Fürst von Rumänien geworden.

Bismarck riet der Familie Hohenzollern entschieden dazu, das Angebot anzunehmen, und er akzeptierte auch die von Marschall Prim gewünschte absolute Geheimhaltung der Kandidatur bis kurz vor der Königswahl durch die Cortes. Infolge eines Dechiffrierfehlers erlitt die Geheimhaltungsstrategie Schiffbruch. Die Wahl des Erbprinzen konnte nicht kurzfristig erfolgen, am 2. Juli verbreitete sich in Madrid das Gerücht, Prinz Leopold sei der von Marschall Prim in Aussicht genommene Thronkandidat, und diese Nachricht telegrafierte der französische Botschafter am 3. Juli von Madrid nach Paris.

Seit jeher interessiert die Historiker vor allem, was Bismarck bewogen hat, so entschieden für die Annahme der Kandidatur zu plädieren, ja sie recht eigentlich durchzusetzen. Da die Quellen keine eindeutige Auskunft darüber geben, ist den Spekulationen Tür und Tor geöffnet. Wollte Bismarck den sich anbahnenden Dreibund Frankreich-Italien-Habsburgermonarchie sprengen? Ging es ihm um eine Klärung in den deutsch-französischen Beziehungen? Oder wollte er gar Napoleon in eine «Falle» locken, um auf verschlungenen Wegen die Stagnation im deutschen Einigungsprozeß zu durchbrechen und die kleindeutsche Reichsgründung zum Abschluß zu bringen? Alle diese Spekulationen und noch weitere sind in der Literatur anzutreffen. Gemeinsam ist ihnen, daß Bismarck ebenso weitgreifende wie raffinierte Hintergedanken unterstellt werden, ein Kalkül von extremer Künstlichkeit. Abwägende Analyse der Quellen legt folgende Deutung nahe: Was Bismarck bewogen hat, energisch für die Annahme des spanischen Angebots einzutreten, war seine Beurteilung der «politischen Gesamtsituation», um einen von ihm in Lagebeurteilungen benutzten Ausdruck zu gebrauchen. Gewiß war die Kandidatur kein freundlicher Akt gegenüber Frankreich, aber wie Napoleon kein Mittel ungenutzt ließ, um Preußens europäische Lage zu verschlechtern, so war es Bismarcks Pflicht, Preußens Lage zu verbessern, und die Kandidatur schien geeignet dazu. Sofern sich gegen den Hohenzollernprinzen starker französischer Widerstand regen sollte, blieb nach Bismarcks Überzeugung ein breiter politischer Manövrierraum, vor allem aber besaß das Pariser Kabinett keinen Angriffspunkt gegenüber der preußischen Regierung, da es sich bei der Kandidatur um eine dynastische Angelegenheit handelte, die ausschließlich die Hohenzollernfamilie betraf, nicht jedoch den preußischen Staat. Mit dieser Annahme irrte er sich gründlich, wie sich Anfang Juli zeigen sollte.

Nach Bekanntwerden der Kandidatur blieben der französischen Regierung vier Wochen Zeit, um eine Wahl des Hohenzollernprinzen zu verhindern. Sie konnte in Spanien darauf dringen, die Kandidatur fallenzulassen; sie konnte auf den Erbprinzen einwirken, seine Kandidatur zurückzuziehen; sie konnte Kontakt zu König Wilhelm als Chef des Hauses Hohenzollern aufnehmen. Keinen dieser Wege beschritten Napoleon und sein Kabinett, sondern unter Verzicht auf jegliche Sondierung führten sie sofort und mit voller Wucht den Hauptstoß gegen Preußen, um diesem vor den Augen Europas eine demütigende Niederlage zuzufügen. Außenminister Gramont gab am 6. Juli vor der französischen Abgeordnetenkammer eine vom Kabinett einstimmig beschlossene martialische Erklärung ab, die mit einer unverhüllten Kriegsdrohung endete. Durch diesen Paukenschlag war der Handlungsspielraum sowohl der französischen als auch der preußischen Regierung abrupt aufs äußerste eingeengt. Da-

her ist die Kammererklärung vom 6. Juli als der entscheidende
Meilenstein auf dem Weg in den Krieg zu bewerten.

So sehen es nicht alle Forscher. Sie meinen, Bismarck hätte
Form, Wucht und Stoßrichtung der französischen Reaktion vor-
aussehen müssen. Doch diese Behauptung geht fehl. Das französische Procedere war beispiellos, daher ließ sich eine derartige
Reaktion nicht prognostizieren. Alle europäischen Staatsmänner wurden durch Ton und Inhalt der Kammererklärung über-
rascht und waren schockiert. Bismarck stand mit seiner Fehl-
prognose also nicht allein.

Am 12. Juli wurde Leopolds Thronkandidatur zurückgezo-
gen. Damit hatte Frankreich das Ziel einer Zerstörung dieser
Kandidatur erreicht und einen beachtlichen diplomatischen Erfolg erzielt. Aber dieser Erfolg genügte den Machthabern in Paris und einer durch sie aufgeputschten öffentlichen Meinung
nicht, denn das eigentliche Ziel, durch Demonstration von
Kriegsentschlossenheit Preußen eine schwere Niederlage beizu-
bringen, war verfehlt worden; die Verzichtserklärung war so
formuliert, daß Preußen völlig aus dem Spiel blieb. Daher leitete
man in Paris in eben jenen Stunden, in denen der Kandidatur-
verzicht bekannt wurde, eine weitere Aktion ein, durch die eine
Involvierung des preußischen Königs öffentlichkeitswirksam
konstatiert werden sollte. Dem preußischen Botschafter in Paris
wurde nahegelegt, bei König Wilhelm einen Entschuldigungs-
brief an Napoleon zu erwirken, und der in Wilhelms Kurort
Bad Ems beorderte französische Botschafter Benedetti erhielt
die Weisung, vom preußischen König eine – öffentlich verwert-
bare – bindende Zusicherung zu verlangen, er werde eine Kandidatur des Hohenzollernprinzen nicht von neuem autorisieren.
Noch in der Nacht vom 12./13. Juli informierte Gramont die
diplomatischen Vertreter über die neue französische Forderung.
Damit hatte sich die französische Regierung jede Rückzugslinie
abgeschnitten. Wenn nämlich die Garantieerklärung verweigert
wurde, stand das Pariser Gouvernement vor den europäischen
Mächten als Verlierer da, und es war kaum zweifelhaft, wie
dann in Paris die Würfel fallen würden. Tatsächlich wurde die
geforderte Garantieerklärung nicht gegeben.

Benedetti sprach König Wilhelm am 13. Juli auf der Emser Brunnenpromenade an und suchte ihm – vergeblich – eine Äußerung zu entlocken, aus der man in Paris Kapital schlagen konnte. Im Lauf des Tages ließ Wilhelm dann dem Botschafter durch Adjutanten mitteilen, inzwischen sei ihm die Nachricht vom Verzicht des Hohenzollernprinzen zugegangen; er habe dem Botschafter nun nichts weiter zu sagen. Bismarck wurde in einem Telegramm über Benedettis Auftreten und die ihm zuteil gewordene Antwort unterrichtet und gleichzeitig ermächtigt, «die neue Forderung Benedettis und ihre Zurückweisung sogleich sowohl unsern Gesandten als in der Presse» mitzuteilen. Aufgrund dieser Ermächtigung redigierte Bismarck die «Emser Depesche». Er straffte den Text und formulierte den Schlußsatz härter, aber dadurch wurde die «Emser Depesche» weder zu einer «Fälschung» noch zur «Kriegsprovokation», wie immer wieder behauptet wird. Entscheidend war vielmehr, daß durch die Ablehnung der Garantieforderung die französische Regierung in eine verzweifelte Lage geriet, zumal sie am 15. Juli in der Kammer Rede und Antwort stehen mußte. Bei der Beratung im französischen Kabinett am 14. Juli, in der die Mobilmachung beschlossen wurde, hat die im genauen Wortlaut noch nicht bekannte Emser Depesche tatsächlich keine Rolle gespielt, sondern wegen der Ablehnung der Garantieforderung glaubten Napoleon und seine Minister nur durch Mobilmachung und Kriegserklärung die «Ehre» Frankreichs retten zu können. Durch den Mobilmachungsbeschluß vom 14. Juli wurde der Krieg unvermeidlich. Als am 19. Juli in Berlin dann die offizielle französische Kriegserklärung übergeben wurde, war auf beiden Seiten der militärische Aufmarsch bereits in vollem Gange.

Der Verlauf des Feldzugs ist zu bekannt, als daß er hier nachgezeichnet werden müßte. Nur wenige Aspekte seien angesprochen. Die französische Regierung hatte den Krieg eröffnet, um Preußen nachhaltig in die Schranken zu verweisen und die Bestrebungen zur Schaffung eines kleindeutschen Nationalstaats dauerhaft zu blockieren. Diese Politik endete mit einem Fiasko für Frankreich. Die französische Mobilmachung verlief chaotisch. Während man in Paris nicht nur gehofft, sondern fest er-

wartet hatte, die Habsburgermonarchie und Italien würden sofort an Frankreichs Seite in den Krieg eintreten, verhielten sich
diese Mächte zunächst abwartend. Wenn es Bismarck gelungen
ist, den Krieg zu «lokalisieren», das heißt: ihn auf Frankreich
und die deutschen Staaten zu beschränken und damit sein
Hauptziel in der ersten Kriegsphase zu erreichen, dann trugen
dazu nicht wenig die schnellen Siege der nord- und süddeutschen Armeen bei, in den ersten Augusttagen bei Weißenburg,
Wörth und auf den Spicherer Höhen bei Saarbrücken, Mitte
August in den für die deutschen Truppen verlustreichen Schlachten um Metz, durch die es gelang, die französische «Rheinar-
mee» mit über 150 000 Soldaten in der Festung Metz einzu-
schließen. Am 1. September erlitt dann eine weitere französische
Armee bei Sedan eine vollständige Niederlage und kapitulierte;
hunderttausend Mann und Kaiser Napoleon selbst gingen in
deutsche Gefangenschaft.

Die Erwartung, mit diesen militärischen Erfolgen sei der
Krieg entschieden, erfüllte sich jedoch nicht. Auch Bismarck,
der mit einem aus wenigen Mitarbeitern bestehenden «mobilen
Auswärtigen Amt» den König wieder in den Feldzug begleitete,
hatte gehofft, es würden sich nach der Schlacht bei Sedan Möglichkeiten zur Anknüpfung von Friedensverhandlungen bieten.
Doch der Weg zum Frieden blieb vorläufig verschlossen. Denn
durch einen Aufstand in Paris wurde am 4. September die Re-
gentin Kaiserin Eugenie gestürzt und zur Flucht gezwungen, ein
aus der bisherigen Kammeropposition rekrutiertes «Gouvernement de la défense nationale» übernahm die Macht und führte
den Krieg weiter. Die zur Festung ausgebaute französische
Hauptstadt war vom 19. September an von deutschen Truppen
eingeschlossen, das deutsche Hauptquartier hatte sich in Versailles etabliert; Bismarck bewohnte mit seinen Mitarbeitern die
Villa Jessé in der stillen rue de Provence. Seine Sorge galt vor-
rangig der raschen Beendigung des Krieges, schon um eine von
ihm ständig und nicht ganz grundlos befürchtete Einmischung
der europäischen Mächte zu verhindern. Deshalb empfand er es
als Erschwerung seiner aufreibenden Tätigkeit, daß der Generalstab ihn nur unzureichend über den Gang der Operationen

informierte und daß die Armeeführung bei der Belagerung von
Paris nach seiner Auffassung viel zu zögerlich vorging. Die von
ihm (und vielen anderen) energisch geforderte Beschießung von
Paris hielt der Generalstab für unmöglich, solange nicht genügend schwere Geschütze zur Verfügung standen. Im häufig
thematisierten Streit um das Bombardement von Paris (es begann schließlich an der Jahreswende) kulminierte der Konflikt
zwischen Kriegführung und Politik, den Bismarck erst im Januar für sich entscheiden konnte.

Über Monate hin blieb die Kriegsbeendigung ein kaum lösba-
res Problem. Auf der Suche nach einem Verhandlungspartner
gab es nicht nur einige Male Kontakte mit Vertretern der provisorischen Regierung als der De-facto-Regierung Frankreichs,
sondern Bismarck hielt sich lange auch die Option eines Ab-
schlusses mit der machtlosen, aber immer noch de iure existen-
ten Regentschaft offen. Erst Ende Januar 1871 fiel die Entscheidung zugunsten der provisorischen Regierung: Als in Paris die
Lebensmittel zur Neige gingen, suchte Außenminister Jules
Favre Bismarck in Versailles auf, um mit ihm einen Waffenstillstand auszuhandeln. Die Waffenstillstandskonvention vom
28. Januar 1871 enthielt einen Artikel über die sofort durchzuführende Wahl einer französischen Nationalversammlung
als legitimer Vertretung der französischen Nation. Die schon
am 5. Februar gewählte Nationalversammlung berief Adolphe
Thiers zum «Chef du pouvoir exécutif». Aus den von ihm und
Favre mit Bismarck geführten Verhandlungen ging der Versailler
Präliminarfrieden hervor, der am 26. Februar unterzeichnet und
am 1. März von der Nationalversammlung ratifiziert wurde.

Neben einer Kriegsentschädigung von fünf Milliarden Francs
wurde Frankreich eine Gebietsabtretung auferlegt: Das Elsaß
und ein Teil Lothringens mußten an das Deutsche Reich abge-
treten werden. Die Erzwingung einer französischen Gebietsabtretung wird heute ganz überwiegend als eine fundamentale
Fehlentscheidung Bismarcks bewertet. So muß es in der Retro-
spektive tatsächlich erscheinen. Berücksichtigt man aber die gesamten Umstände im Kriegsjahr, dann dürfte das Urteil weniger
eindeutig ausfallen. Schon nach den Augustsiegen etablierte sich

in der öffentlichen Meinung Süd- und Norddeutschlands spontan ein denkbar weitgehender Konsens, die Abtretung zumindest des Elsaß als «Siegespreis» zu fordern; Frankreich sollte nicht ungeschoren davonkommen, darin waren sich alle politischen Lager einig. Nicht unter dem Druck dieser öffentlichen Meinung, sondern unabhängig von ihr hielt auch Bismarck seit Mitte August eine französische Gebietsabtretung für unabdingbar; innerhalb des inneren Führungskreises bestand in diesem Punkte volle Übereinstimmung. Neben dem zentralen Motiv und Argument eines besseren Schutzes der süddeutschen Grenze gegen einen unruhigen Nachbarn spielten in Bismarcks Überlegungen die Erfahrungen seit 1866 eine wesentliche Rolle. Obwohl 1866 kein einziger französischer Soldat beteiligt war und in den Friedensverhandlungen den Wünschen Napoleons Rechnung getragen wurde, ist in Frankreich der preußische Sieg weithin als eine französische Niederlage empfunden worden, und der Ruf «Rache für Sadowa» war höchst populär. Wie sollte da erst die Reaktion auf die desaströsen französischen Niederlagen ausfallen? «Die Neigung Frankreichs sich zu rächen, wird ganz dieselbe bleiben, es mag Provinzen verlieren oder nicht», äußerte Bismarck am 25. August, und wenige Tage vorher: «Schon unser Sieg bei Sadowa hat Bitterkeit in den Franzosen geweckt; wie viel mehr wird es unser Sieg über sie selbst tun! Rache für Metz, für Wörth wird auch ohne Landabtretung länger das Kriegsgeschrei bleiben als Revanche für Sadowa und Waterloo. Die einzig richtige Politik ist unter solchen Umständen, einen Feind, den man nicht zum aufrichtigen Freunde gewinnen kann, wenigstens etwas unschädlicher zu machen und uns mehr gegen ihn zu sichern ...» Eben darin bestand der maßgebliche Unterschied zu 1866: Die Unversöhnlichkeit der Franzosen, so oder so, war ein Grundaxiom Bismarcks. Dabei sah er völlig klar, daß die Gebietsabtretung eine schwere Hypothek bedeutete, doch nach seiner Überzeugung führte kein Weg daran vorbei, diese Hypothek zu übernehmen – ganz abgesehen davon, daß in dieser Frage politische und militärische Führung sowie nahezu geschlossen auch die öffentliche Meinung in Deutschland völlig einig waren. Es sollte nachdenklich stimmen, wenn der linksliberale Politiker Ludwig Bamberger, kein Nationalist und ein hervorragender Kenner Frankreichs und der Franzosen, Mitte der 1890er Jahre schrieb: «Meine eigne Überzeugung ist, daß der Haß gegen das siegreiche Deutschland und die Begierde nach Revanche ganz ebenso groß gewesen und geblieben wären, selbst wenn man keinen Zollbreit Landes abgerissen hätte ... Kein Franzose hätte es den Deutschen gedankt, wenn sie auf Landerwerb verzichtet hätten, und die bloße Tatsache, daß sie Sieger gewesen, hätte genügt, das Rachebedürfnis lebendig zu erhalten.»

Nachdem der Krieg begonnen hatte, schlugen in Deutschlands Norden und Süden die Wogen nationaler Begeisterung hoch. Hier wie dort gab es schon bald kaum mehr einen Zweifel, daß aus diesem Krieg ein geeintes Deutschland hervorgehen werde. Die Umsetzung dieser Wünsche in politische Wirklichkeit gestaltete sich aber weit schwieriger, als die meisten Zeitgenossen glaubten. Bismarck hielt eisern an seinem bisherigen Verfahren fest, auf Pressionen gegenüber den süddeutschen Regierungen zu verzichten (wie sie etwa der Kronprinz empfahl). In mühsamen, sich hinziehenden Verhandlungen mit den Ministern Bayerns, Württembergs, Badens und Hessens gelang es ihm schließlich, jene Kompromisse zu erarbeiten, auf deren Grundlage die Regierungen der süddeutschen Staaten ihren Beitritt zum Norddeutschen Bund erklärten; sie behielten lediglich einige Reservatrechte im Militär-, Steuer-, Verkehrs- und Postwesen. Durch die zwischen dem 15. und 25. November unterzeichneten «Novemberverträge» wurde die Verfassung des Norddeutschen Bundes mit geringen Modifikationen zur Verfassung des Deutschen Reiches. Der kleindeutsche Nationalstaat war damit aus der Taufe gehoben. Nach der Unterzeichnung des Vertrags mit Bayern trat Bismarck in den Kreis seiner Mitarbeiter und sagte bewegt: «Die deutsche Einheit ist gemacht, und der Kaiser auch.»

Eine ziemliche Wegstrecke war aber noch zurückzulegen. Die Novemberverträge mußten von allen Parlamenten angenommen werden (in Bayern geschah das nur mit knapper Mehrheit), und die Proklamation Wilhelms I. zum deutschen Kaiser galt es einzufädeln. Das war eine Aktion, bei der Bismarcks ganze diplomatische Virtuosität gefordert war. Wie er den bayerischen König Ludwig II. dazu animierte, Wilhelm I. die Kaiserwürde anzutragen (und welchen Preis er dafür bezahlte), und wie er mit Wilhelm I. um die Titelfrage rang (und sich dabei den allerhöchsten Unwillen zuzog) – all das ist vielfach geschildert worden und braucht hier nicht wiederholt zu werden. Die Kaiserproklamation im Spiegelsaal des Schlosses zu Versailles am 18. Januar 1871 bedeutete für Zeitgenossen und Nachwelt den symbolkräftigen Gründungsakt des Deutschen Reiches, dessen staatsrechtliche Grundlage die Reichsverfassung bildete, die der im März gewählte erste deutsche Reichstag am 14. April 1871 annahm. Zum Reichskanzler ernannt und in den erblichen Fürstenstand erhoben, stand Bismarck, sechsundfünfzigjährig, auf dem Gipfelpunkt seiner politischen Karriere; in Deutschland und weit über Deutschlands Grenzen hinaus war er jetzt endgültig als herausragender europäischer Staatsmann anerkannt. Und auch zu einem der großen Grundbesitzer Deutschlands wurde er nun: Im Juni 1871 machte ihm Wilhelm I. die Domäne Friedrichsruh im Herzogtum Lauenburg zum Geschenk, 25 000 Morgen Wald und 2000 Morgen Ackerland. Friedrichsruh im Sachsenwald wurde schon bald der bevorzugte Wohnsitz der Familie Bismarck.

V. Konsolidierung und Friedenswahrung
(1871–1890)

Mit dem Abschluß der Reichsgründung endete die – wenn man so will – «heroische Phase» von Bismarcks politischer Laufbahn. Was folgte, in zwanzig Jahren Reichskanzlerschaft, waren die Mühen der Ebene – in den Zielen der Außenpolitik ausgerichtet auf die Bewahrung des europäischen Friedens, in der Innenpolitik ging es vor allem darum, das junge Reich nachhaltig zu konsolidieren. So unbestritten es ist, daß Bismarck sein außenpolitisches Hauptziel erreicht hat, so umstritten waren und sind nicht nur die Methoden, sondern auch die Ergebnisse seines innenpolitischen Handelns, und fraglos hat Bismarck auf dem innenpolitischen Felde manches, was er erstrebte, nicht erreicht. Auf diese Themenkreise wird einzugehen sein. Zunächst aber ist kurz zu beleuchten, wie es um den Mann stand, der so viele Jahre über eine gewaltige Machtfülle gebot.

Nach den extremen Belastungen eines Jahrzehnts aufreibender innen- und außenpolitischer Auseinandersetzungen war Bismarck gesundheitlich angeschlagen. Die persönlichen Zeugnisse sind voll beredter Klagen über den schlechten Gesundheitszustand und die abnehmende Arbeitskraft. «Mein Öl ist verbraucht, ich kann nicht mehr»(Mai 1872) – solche und ähnliche Äußerungen sind Legion. Es plagten ihn abwechselnd rheumatische Beschwerden, Gesichtsschmerzen, grippale Infekte, Magenkrämpfe, die alte Beinverletzung und immer wieder «die Nerven» – mindestens teilweise dürfte die schlechte gesundheitliche Verfassung auch psychosomatisch bedingt gewesen sein. Ganz gewiß war sie aber – neben der Arbeitsbelastung – auch auf eine höchst ungesunde Lebensweise zurückzuführen. Die Eßgewohnheiten im Hause Bismarck setzten die Gäste des Kanzlers immer wieder in Erstaunen. «Gegessen wird hier nach wie vor, daß die Wände krachen», bemerkte 1880 der Chef der Reichskanzlei: Das «Frühstück» bestand aus Roastbeef und Beefsteak mit Kartoffeln, kaltem Wildbraten, Krammetsvögeln, Pudding «usw.». Hinuntergespült wurde alles mit Rotwein, Champagner oder Bier. Der Kanzler, der in seinen jüngeren Jahren schlank gewesen war, nahm in den 1870ern stark an Gewicht zu und brachte 1879 schließlich 124 Kilo auf die Waage. Der unmäßigen Lebensweise wurde erst ein Ende gesetzt, als 1883 Dr. Ernst Schweninger Bismarcks Behandlung übernahm und dieser sich bereit fand, sich der von dem jungen bayerischen Arzt verordneten Diät zu unterwerfen. Die von Schweninger angewandten Methoden hatten durchschlagenden und dauerhaften Erfolg. Das Körpergewicht ging auf 90 Kilo zurück, die Gesichtsschmerzen wurden seltener, der Schlaf besser, und auch die anderen Leiden ließen nach.

Die schlechte gesundheitliche Verfassung zwang Bismarck in

den 70er und 80er Jahren zu langen Erholungs- und Kuraufenthalten. Er verbrachte im Durchschnitt nur die Hälfte des Jahres in der Reichshauptstadt, die übrige Zeit überwiegend auf seinen Gütern Varzin und Friedrichsruh sowie in Kurbädern, vor allem Kissingen (vierzehn Mal) und Gastein. Doch auch in den Wochen und Monaten, in denen er nicht in Berlin, sondern in Varzin, Friedrichsruh oder Kissingen weilte, war er keineswegs von den Regierungsgeschäften abgeschnitten, vielmehr hielt er die Zügel fest in der Hand. Fortlaufend wurde er von seinen Untergebenen über alle Angelegenheiten von Bedeutung informiert und griff durch zahlreiche – von ihm selbst zu Papier gebrachte oder engen Mitarbeitern diktierte – Schreiben entscheidend in den Gang der politischen Geschäfte ein.

So eindeutig dies konstatiert werden kann, so unbestreitbar ist doch die zunehmend labilere körperliche und seelische Verfassung des Reichskanzlers. Zu der von ihm Nahestehenden mit Besorgnis beobachteten «krankhaften Reizbarkeit», der «Neigung, aus jeder Kleinigkeit einen Konfliktfall zu machen», haben zwei Sachverhalte erheblich beigetragen: zum einen das Gefühl einer wachsenden Vereinsamung, zum andern das, was Bismarck selbst als «Friktionen» bezeichnete.

Vereinsamung: Als der alte Kampfgefährte Roon 1873 zurücktrat, klagte Bismarck elegisch: «Im Amte aber wird es einsam um mich sein, je länger, je mehr; die alten Freunde sterben oder werden Feinde, und neue erwirbt man nicht mehr.» Immer stärker zog sich der Kanzler in den engeren Familienkreis zurück. Von den drei Kindern stand ihm der älteste Sohn Herbert am nächsten. Er trat in die diplomatische Laufbahn ein, arbeitete dem Vater zu und stieg schließlich zum Staatssekretär im Auswärtigen Amt auf.

Als ein spektakuläres Familiendrama darf man bezeichnen, was sich 1881 im Hause Bismarck abspielte (und damals nicht bekannt wurde): Herbert liebte leidenschaftlich die schöne und mondäne, zehn Jahre ältere Fürstin Elisabeth von Carolath, die sich seinetwegen scheiden ließ. Weil die Verwandtschaft der katholischen Fürstin im Lager der Anti-Bismarck-Fronde stand, lehnte der Kanzler Herberts Ehewunsch kategorisch ab. Es kam zu erregten Szenen, in denen Bismarck sogar mit Selbstmord drohte. So rang er Herbert schließlich den Verzicht auf die Ehe mit der Fürstin ab, doch die existentielle Lebenskrise machte den Kanzlersohn zu einem verbitterten, innerlich unfrohen, oft schroff auftretenden Mann.

«Friktionen» waren für Bismarck die Intrigen und Querschüsse, die er seitens des Hofes zu gewärtigen hatte und die seine Arbeit erschwerten. Schon 1871, nur wenige Monate nach dem Sieg über Frankreich, bekannte er seinem Bruder, seine amtliche Stellung sei bei allem äußeren Glanze dornenvoller, «als irgend jemand außer mir weiß, und meine körperliche Fähigkeit, alle die Galle zu verdauen, die mir das Leben hinter den Coulissen ins Blut treibt, ist nahezu erschöpft, meine Arbeitskraft den Ansprüchen nicht mehr gewachsen». Ein Jahr später erfuhr Roon: «Ich bin nachgerade in Ungnade bei allen Gliedern des königlichen Hauses, und das Vertrauen des Königs zu mir ist im Abnehmen. Jeder Intrigant findet sein Ohr.» Im Visier hatte Bismarck indes vor allem Kaiserin Augusta, seit den Revolutionstagen 1848 seine geschworene Feindin. Er warf ihr vor, sich ständig in die Politik einzumischen. Sie ringe ihrem Gemahl besonders auf persönlichem Gebiet allerlei Zugeständnisse ab, wie auch in Fragen der auswärtigen Politik, wovon sie wisse, es sei ihm unangenehm und bereite ihm Verlegenheiten. Sie konferiere häufig mit dem französischen Botschafter und folge dessen und des Zentrumsführers Windthorst Ratschlägen. «Ihre Intrigen grenzten an Landesverrat.» So eine Gesprächsäußerung im Jahr 1877, als Bismarck nicht zuletzt wegen der ständigen «Friktionen» ein Rücktrittsgesuch einreichte (dessen Ernsthaftigkeit unterschiedlich beurteilt wird). Wie sehr die «Friktionen» den Reichskanzler belastet haben und wie viel Kraftaufwand es ihn vor allem in den 70er Jahren kostete, unerwünschte höfische Einflüsse zu paralysieren, blieb den Zeitgenossen verständlicherweise unbekannt und wurde auch in der Bismarck-Historiographie wenig thematisiert – ist jedoch zu beachten beim Urteil über Bismarcks Machtstellung im Herrschaftssystem des Kaiserreichs.

Nach dem Krieg mit Frankreich war Bismarck fern jedem Triumphalismus, wie Volker Ullrich zu Recht feststellt. Viel besser als die meisten Zeitgenossen wußte der Reichskanzler, wie schwierig es gewesen war, selbst einen militärisch so erfolgreich verlaufenen Feldzug durch einen Friedensschluß zu beenden, und wie besorgt und mißtrauisch man in den Staatskanzleien der europäischen Großmächte auf das kompakte neue Reich in der Mitte Europas blickte. Nach Bismarcks fester Überzeugung war das Deutsche Reich «saturiert», es hatte bei neuen Kriegen nichts zu gewinnen. Aus dieser Überzeugung erwuchs mit zwingender Logik das Hauptziel seiner außenpolitischen Bemühungen: Bewahrung des Friedens zwischen den europäischen Mächten.

Da Friedenswahrung nach 1871 Bismarcks oberstes außenpolitisches Ziel war, lehnte er – wie schon vor 1870 – den Gedanken eines Präventivkriegs kategorisch ab. Er hat diese Haltung unzählige Male zum Ausdruck gebracht. Eine Gefährdung des europäischen Friedens drohte nach 1871 zum einen durch das französische Revanchebedürfnis, zum andern durch die gegensätzlichen Balkaninteressen Rußlands und der Habsburgermonarchie. Was den französischen Revanchewillen anging, so war jedem europäischen Staatsmann und auch den französischen Politikern völlig klar, daß es Frankreich auf sich allein gestellt nicht wagen konnte, das Deutsche Reich zu bekriegen; das war nur in einer kriegsfähigen Koalition vorstellbar. Deshalb arbeitete Bismarck auf eine vollständige bündnispolitische Isolation Frankreichs hin, die nach seiner Auffassung am ehesten erreicht werden konnte, wenn Frankreich Republik blieb und nicht wieder Monarchie wurde. Darüber kam es zum scharfen Konflikt mit dem eigenwilligen Botschafter in Paris Harry von Arnim, der – entgegen Bismarcks eindeutigen Weisungen – sich zugunsten einer Wiederherstellung der Monarchie in Frankreich engagierte (und dafür Wilhelm I. zu gewinnen suchte). Dem unbotmäßigen Botschafter schrieb Bismarck im Dezember 1872 ins Stammbuch: «Unser Bedürfnis ist, von Frankreich in Ruhe gelassen zu werden und zu verhüten, daß Frankreich, wenn es uns den Frieden nicht halten will, Bundesgenossen finde. Solange es solche nicht hat, ist uns Frankreich nicht gefährlich, und solange die großen Monarchien Europas zusammenhalten, ist ihnen keine Republik gefährlich. Dagegen wird eine französische Republik aber sehr schwer einen monarchischen Bundesgenossen gegen uns finden.» Damit Frankreich weder bei Rußland noch bei der Habsburgermonarchie stärkeren Rückhalt finden konnte, bemühte sich Bismarck, zwischen Rußland, Österreich-Ungarn und Deutschland eine engere gegenseitige Bindung herzustellen, was 1873 mit dem Dreikaiserabkommen gelang. Darf dessen Bedeutung auch nicht überschätzt werden, so wurde dadurch doch der Interessenkonflikt in der Balkanfrage entschärft und ein Bruch zwischen Rußland und der Habsburgermonarchie verhindert.

Wie die Quellen belegen, hat Bismarck seit dem Friedensschluß 1871 konsequent eine auf Friedenswahrung ausgerichtete Außenpolitik betrieben. Es bedurfte nicht, wie behauptet worden ist, der «Krieg-in-Sicht»-Krise von 1875, um ihm klarzumachen, daß eine Veränderung der bestehenden Kräfteverhältnisse in Mitteleuropa ohne großen Krieg nicht mehr möglich sei. Die vielberedete Krise wurde nicht von Bismarck provoziert, vielmehr ist er durch eine Verkettung von Umständen in sie hineingestolpert. Ausgelöst wurde die Krise durch deutsche Pressereaktionen auf das französische Kadergesetz, das die Friedenspräsenzstärke des französischen Heeres anhob. Zwar hatte Bismarck nichts gegen deutliche Mißfallensäußerungen, aber mit dem Alarmartikel, der der Krise den Namen gab («Ist der Krieg in Sicht?»), hatte er nachweislich nichts zu tun, und er beabsichtigte keineswegs ein kriegerisches Vorgehen gegen Frankreich. Doch die Machthaber in England und Rußland sahen die vermeintliche Kriegsgefahr als eine günstige Gelegenheit, durch Parteinahme für das scheinbar bedrohte Frankreich die Führung des Deutschen Reiches in die Schranken zu weisen. Vor allem der russische Außenminister Gorčakov trat als Retter des Friedens auf. Bismarck hat ihm sein als Affront eines Bündnispartners empfundenes Vorgehen nicht verziehen. An dem weithin als blamable Niederlage des Reichskanzlers verstandenen Ausgang der Krise hat Bismarck schwer getragen.

Bald nach dem Ende der «Krieg-in-Sicht»-Krise richteten sich die Blicke der europäischen Staatsmänner wieder einmal auf den Balkan. Nach der blutigen Unterdrückung von Aufständen der Balkanvölker durch türkisches Militär erklärte Rußland im April 1877 der Türkei den Krieg. Deren Widerstandskraft war gebrochen, als die russische Armee die Festung Plewna zur Kapitulation zwang. Vor den Toren Konstantinopels konnte Rußland einen Frieden diktieren, der das europäische Territorium der Türkei auf ein kleines Gebiet um Konstantinopel reduzierte (San Stefano 3. März 1878). Die vorgesehene Bildung eines großbulgarischen Fürstentums bis zur Ägäis als eines russischen Satellitenstaats nahm weder auf die britischen Interessen im östlichen Mittelmeer noch auf die österreichischen Balkaninteressen Rücksicht. Beide Staaten waren nicht bereit, eine solche Ausdehnung der russischen Machtsphäre kampflos hinzunehmen. Es drohte ein europäischer Krieg.

Bismarck hatte den heraufziehenden Konflikt und dessen Zuspitzung aufmerksam beobachtet, aber strikte Neutralität gewahrt. Nach Ausbruch des russisch-türkischen Krieges diktierte er seinem Sohn Herbert bei seinem Kissinger Kuraufenthalt eine kurze Aufzeichnung, die als «Kissinger Diktat» berühmt geworden ist, weil Bismarck in ihr seinen «Alptraum», seinen «cauchemar des coalitions» artikulierte und zentrale Maximen seiner Außenpolitik formulierte. Immer wieder zitiert wird der Kernsatz: was ihm vorschwebe, sei nicht das Bild «irgend eines Ländererwerbs, sondern das einer politischen Gesamtsituation, in welcher alle Mächte außer Frankreich unser bedürfen, und von Koalitionen gegen uns durch ihre Beziehungen zueinander nach Möglichkeit abgehalten werden».

Die internationale Konfliktsituation nach dem Frieden von San Stefano konnte entschärft und im wesentlichen beigelegt werden auf dem Berliner Kongreß, der unter Bismarcks Vorsitz vom 13. Juni bis 13. Juli 1878 im Reichskanzlerpalais tagte und an dem die wichtigsten europäischen Staatsmänner teilnahmen. Schon im Vorfeld des Kongresses waren Vereinbarungen über die strittigsten Punkte erzielt worden. Das trug zum erfolgreichen Verlauf des Kongresses ebenso bei wie die souveräne, auf Ausgleich der Interessen ausgerichtete Leitung der Verhandlungen durch den deutschen Reichskanzler, der seine Rolle nicht als die eines Schiedsrichters verstand, sondern als die eines «ehrlichen Maklers, der das Geschäft wirklich zustande bringen will». Durch sein vermittelndes Auftreten auf dem Kongreß vermochte Bismarck das in Europa noch weithin bestehende Mißtrauen gegen das Reich und den verantwortlichen Leiter seiner Politik abzubauen; er stand nun auf einem Gipfelpunkt seines Ansehens und seines Einflusses in der europäischen Politik.

Im Ergebnis des Kongresses und der vorangegangenen Abmachungen verzichtete Rußland auf einen Teil seiner Kriegsbeute (das südliche Bulgarien, «Ostrumelien», blieb bei der Türkei als Provinz mit Verwaltungsautonomie), behauptete aber als territorialen Gewinn das 1856 an Rumänien verlorene Bessarabien sowie Gebiete in Kleinasien. Serbien, Montenegro und Rumänien gewannen die volle Unabhängigkeit, Bulgarien wurde ein autonomes, der Türkei tributpflichtiges Fürstentum, Griechenland erhielt einen Teil von Epirus und Thessalien, Großbritannien die Insel Zypern, Österreich-Ungarn das Recht zur Besetzung von Bosnien und Herzegowina. Außer Deutschland und Frankreich profitierten alle europäischen Großmächte vom Ausgang des Krieges und des Kongresses.

Enttäuscht war man jedoch in Rußland. Kanzler Gorčakov, der selbst am Kongreß teilgenommen hatte, lenkte die Unzufriedenheit auf den zweiten russischen Bevollmächtigten, Graf Schuwalow, und auf Bismarck, dem er mangelnde Unterstützung russischer Wünsche vorwarf (er hatte zu Bismarcks lebhaftem Mißfallen schon seit Jahren Deutschland als eine Art Juniorpartner des Zarenreiches behandelt). Die Verstimmung zwischen Petersburg und Berlin nahm zu und erreichte einen Höhepunkt mit dem sogenannten «Ohrfeigenbrief» vom 15. August 1879. Darin forderte Zar Alexander II. in geradezu ultimativer Form Kaiser Wilhelm auf, eine bindende Erklärung über den künftigen Kurs der deutschen Politik abzugeben, und kritisierte mit ungewöhnlicher Schärfe den deutschen Reichskanzler. Dieser Brief brachte bei Bismarck das Faß zum Überlaufen. In einer Kabinettssitzung erklärte er: «Rußland hat sich dem einzigen Freund gegenüber benommen wie ein asiatischer

Despot, welchem der Bediente nicht schnell genug die Treppe heraufläuft ... Das Benehmen und der Brief sei wie das des Herrn gegen den Vasallen.» Er entschloß sich nun zu dem, was er so lange vermieden hatte: zwischen dem Zarenreich und der Habsburgermonarchie zu optieren – in dem Sinne, daß er jetzt ein engeres Bündnis mit Österreich-Ungarn einging, den Zweibund. Im österreichischen Außenminister Graf Andrassy fand er einen in seiner Sicht zuverlässigen Verhandlungspartner, mit dem er bei einem Aufenthalt in Wien Ende September 1879 einen geheimen Bündnisvertrag zu Papier brachte. Vor dessen Inkrafttreten war jedoch noch eine hohe Hürde zu überwinden: Kaiser Wilhelm sträubte sich mit äußerster Hartnäckigkeit gegen den Abschluß des Zweibunds, in dem er einen Verrat am Zaren, seinem Neffen Alexander II., sah.

Da er und Bismarck in diesen Wochen örtlich getrennt waren, wurde die wohl gravierendste Meinungsverschiedenheit zwischen dem Monarchen und seinem Kanzler mit immensem argumentativem Aufwand brieflich ausgetragen. Bismarck mußte alle Register ziehen, vom einstimmigen Kabinettsbeschluß bis zur Rücktrittsdrohung, um den Kaiser schließlich zum Einlenken und zur Ratifikation des Vertragsdokuments zu bewegen (16.10.1879). Der Zweibund war ein reines Defensivbündnis, zunächst auf fünf Jahre befristet und im Wortlaut geheim. Die wichtigste Bestimmung verpflichtete die beiden Vertragspartner zu gegenseitiger Hilfeleistung «mit der gesamten Kriegsmacht», wenn «eines der beiden Reiche von seiten Rußlands angegriffen werden» sollte. Mit dem Abschluß des Zweibunds wollte Bismarck keineswegs den Draht nach Petersburg kappen. Vielmehr hoffte er, Rußland gerade durch die Hinwendung zu Österreich wieder an die deutsche Politik heranzuziehen, was partiell gelang. Im Juni 1881 konnte das Dreikaiserbündnis erneuert werden.

Wenn sich in der Außenpolitik 1878/79 eine gewisse Umorientierung vollzog, so war in diesen Jahren sehr viel gravierender die Neuorientierung auf dem weiten Feld der Innenpolitik, der wir uns nun zuwenden. Bundeskanzler Willy Brandt sprach ein landläufiges Urteil aus, wenn er bemerkte: «Bismarck gelang die

Einigung nach außen, die Einigung nach innen gelang nicht.»
Trifft diese weithin geübte Kritik ins Schwarze? Wie immer
empfiehlt es sich auch hier, vor der Formulierung eines pointier-
ten Urteils die Sachverhalte leidenschaftslos zu erfassen. Zweifellos bestand nach der Gründung des Reiches die vorrangige
Aufgabe in Bewahrung und Festigung des Errungenen durch innere Konsolidierung. Dabei war Bismarck teils erfolgreich, teils
nicht erfolgreich.

Beginnen wir mit dem weitgehend Geglückten. Die 1870er
Jahre wurden im jungen Deutschen Reich zu einer bedeutenden
Reformära, die aufgrund der engen Zusammenarbeit zwischen
dem Reichskanzler und den im Reichstag tonangebenden Liberalen «das neue staatliche Gehäuse der Nation im liberalen Gei-
ste wohnlich ausstattete» (Dieter Langewiesche).

Die bereits im Norddeutschen Reichstag eingeleitete Herstel-
lung eines einheitlichen Rechtsraumes wurde von 1871 an zügig
vorangetrieben: Münzgesetz, Gründung der Reichsbank, Libe-
ralisierung des Aktienrechts, Reichsgewerbeordnung, Reichs-
pressegesetz, Aufbau von Reichsämtern, Justizgesetze und Errichtung des Reichsgerichts in Leipzig, in Preußen Selbstverwal-
tungs- und Verwaltungsgerichtsgesetze (die Kreisordnung führte
1872 zum Zerwürfnis zwischen Bismarck und den preußischen
Alt-Konservativen). Durch Münzgesetz und Bankgesetz ver-
schwanden in Deutschland die sieben verschiedenen Währungs-
gebiete sowie dreiunddreißig Notenbanken; Währungseinheit
im ganzen Reich war jetzt die Mark, die Münzhoheit des Reiches sicherte die Reichsbank. Im Rückblick wird häufig die Bedeutung der Reformen jener Jahre unterschätzt, da die Ergebnisse uns heute allzu selbstverständlich erscheinen.

Für das Gesetzgebungswerk zur Modernisierung Deutschlands bedurfte Bismarck einer parlamentarischen Mehrheit,
denn nach der Verfassung mußte der Reichstag allen Gesetzen
sowie dem Reichshaushalt zustimmen. In dieser Verfassungsbe-
stimmung lag ganz eindeutig die Grenze einer «Kanzlerdikta-
tur», von der immer wieder die Rede ist (eine andere Grenze
von Bismarcks Machtstellung wurde markiert durch die bereits
apostrophierten höfischen Einflüsse). Parlamentarische Mehr-

heiten für die Regierungsvorlagen zu gewinnen, darin lag die Kunst des Regierens im Deutschen Reich als einer konstitutionellen Monarchie. Die Regierung mußte daher mit den Parteien paktieren; von ihnen abhängig werden sollte sie nach Bismarcks Willen jedoch nicht.

Bis Ende der 70er Jahre konnte sich der Kanzler grundsätzlicher Kooperationsbereitschaft der im Reichstag dominierenden Nationalliberalen sowie der Freikonservativen sicher sein; so wurde selbst in der delikaten Frage des Militäretats ein Kompromiß gefunden (Septennatsgesetz 1874). Sehr viel schwieriger wurde für Bismarck das Regieren in den 1880er Jahren, denn nun konnte er sich meist nicht mehr auf eine klare parlamentarische Mehrheitsgruppierung stützen. Für jedes einzelne Gesetzesvorhaben mußte im Reichstag erbittert gekämpft werden, wobei der Kanzler beim Einsatz von Druckmitteln aller Art keineswegs zimperlich war. Dennoch war die Regierung bei der Durchsetzung ihrer Vorlagen nicht immer erfolgreich. Im allgemeinen wird zu wenig beachtet, daß manche Regierungsvorlage wegen fehlender parlamentarischer Zustimmung nicht Gesetz wurde und daß in vielen, vielleicht den meisten Fällen von der Regierung eingebrachte Vorlagen in den parlamentarischen Beratungen eine mehr oder weniger eingreifende Überarbeitung und Umgestaltung erfuhren. Gesetzgebung also auf dem Wege von Kompromissen zwischen Regierung und Parlament.

Die beachtlichen Leistungen von Regierung und Parlamentsmehrheit bei der Modernisierung Deutschlands in den 1870er Jahren wurden überschattet zum einen durch den Kulturkampf, auf den näher einzugehen sein wird, zum andern durch eine wirtschaftliche Krise, die unter dem Namen «Gründerkrach» in die Geschichte eingegangen ist. Davon soll zunächst die Rede sein. Nach Kriegsende begann in Deutschland eine Phase wirtschaftlicher Prosperität, zu der auch die fünf Milliarden Goldfranken der französischen Kriegsentschädigung beigetragen haben (umgerechnet 4,2 Milliarden Mark). In drei Jahren entstanden so viele neue Stahlwerke, Hochöfen und Maschinenfabriken wie in den vorausgegangenen sieben Jahrzehnten. Es wurden unzählige Aktiengesellschaften gegründet, deren Kapitalausstattung fast die Höhe derjenigen sämtlicher Aktiengesellschaften der letzten 44 Jahre erreichte. Die deutsche Industrieproduktion erhöhte sich von 1870 bis 1872 um rund ein Drittel.

Bei den während des Aufschwungs ins Leben gerufenen Aktiengesellschaften war die Gründung nicht selten nur ein Vorwand zu hemmungsloser Börsenspekulation, von der auch viele Angehörige der adeligen und nichtadeligen Oberschicht erfaßt wurden; mit aller Macht trieb man die Börsenkurse hoch. Um so panischer waren die Reaktionen auf den Börsenkrach, der im Mai 1873 in Österreich begann, Italien, Rußland und die USA erfaßte und im Herbst auf Deutschland übergriff. Binnen weniger Monate kam es massenhaft zu Bank- und Unternehmenszusammenbrüchen. Anfang 1874 gaben 61 Banken, 116 industrielle Unternehmen und vier Eisenbahngesellschaften ihren Bankrott bekannt. Riesige Kapitalien wurden durch die Gründerkrise vernichtet, viele Existenzen ruiniert. Obwohl nicht alle Bevölkerungsschichten in gleicher Weise unter der Krise litten – manche merkten überhaupt nichts davon –, riefen die Sensationsberichte über die Konkurse doch eine Krisenstimmung hervor, deren Folgen tiefgreifend und anhaltend waren. Da im Börsengeschäft viele jüdische Finanzleute engagiert waren, wurde der psychologische Schock des Börsenkrachs auch zur Geburtsstunde des modernen Antisemitismus.

Das jähe Ende des Booms leitete eine Periode verlangsamten Wachstums ein, das – von einigen kurzfristigen Erholungen abgesehen – bis in die 1890er Jahre andauerte. Bismarck sah sich nun veranlaßt, sich selbst stärker mit Fragen der Wirtschaftspolitik zu befassen, die er bisher im wesentlichen Delbrück überlassen hatte. So wurde die Gründerkrise auch zu einem der Anstöße für die Neuorientierung der Handels- und Steuerpolitik, die in den Zolltarifen von 1879 ihren Ausdruck fand.

Neben der wirtschaftlichen Entwicklung – Boom und Krise – war beherrschendes Thema der Innenpolitik in den 70er Jahren das, was mit einem vom linksliberalen Rudolf Virchow geprägten Ausdruck als «Kulturkampf» bezeichnet wurde und wird: der erbitterte Konflikt um die Kulturhoheit im Staat zwischen der Regierung Bismarck und den Liberalen auf der einen Seite, katholischer Kirche und Zentrum als Partei des politischen Katholizismus auf der anderen Seite. Insbesondere beim kulturprotestantisch geprägten liberalen Bürgertum bestand eine massive Ablehnung des im deutschen Katholizismus zur Herrschaft gelangten «Ultramontanismus», den man als antimodern und fortschrittsfeindlich, internationalistisch und daher national unzuverlässig betrachtete, nachdem Papst Pius IX. mit dem «Syllabus errorum» (1864) die politischen, kulturellen und wirtschaftlichen Grundsätze des Liberalismus als mit dem katholischen Glauben unvereinbar verworfen und auf dem I. Vatikanischen Konzil (1870) das Unfehlbarkeitsdogma durchgesetzt hatte, durch das die innerkirchlichen Machtbefugnisse des Papsttums erweitert wurden. Ins Visier einer wachsenden antikatholischen Stimmung gerieten vor allem auch die Jesuiten als Vorkämpfer einer militanten Haltung der römischen Kirche.

Zu einem gewichtigen politischen Faktor in Deutschland wurde der auf Rom ausgerichtete Katholizismus, als im Dezember 1870 eine Runde katholischer Abgeordneter in Berlin die Gründung einer konfessionellen Partei beschloß. Die Zentrumspartei kandidierte bereits bei den ersten Reichstagswahlen im März 1871 und errang auf Anhieb 63 Mandate; damit wurde sie zur zweitstärksten Fraktion (hinter den Nationalliberalen).

Es ist viel gerätselt worden über Bismarcks Motive, gleich nach der Vollendung der Reichsgründung 1871 den Kampf gegen die Zentrumspartei und gegen die katholische Kirche aufzunehmen. Ging es um fundamentale Gegensätze in der Staatsauffassung? Sah Bismarck die Sicherheit des Reiches durch den politischen Katholizismus gefährdet? Befürchtete er die Bildung einer gegen das Reich gerichteten Koalition katholischer Staaten («schwarze Internationale»), als deren fünfte Kolonne in Deutschland das Zentrum agieren würde? Wollte er durch Entfesselung eines Kultur- und Kirchenkampfes die Liberalen an sich binden und von der Machtfrage ablenken? Da – wie so oft – die Quellen keine ganz eindeutige Antwort liefern, geht man wohl nicht fehl mit der Annahme, daß ein ganzes Bündel von Motiven ausschlaggebend war. Zwei Motivstränge sind dabei hervorzuheben.

Erstens: Bismarck perhorreszierte vom ersten Moment an die Etablierung einer konfessionellen Partei, welche die Interessen der römischen Kirche zum Ausgangs- und Endpunkt ihres parlamentarischen Verhaltens machen würde und dann tatsächlich machte. Die beiden ersten parlamentarischen Aktionen des Zentrums im Reichstag wiesen in genau diese Richtung. In der Adreßdebatte nach der Eröffnungsrede des Kaisers beantragte das Zentrum, der Reichstag solle sich in der «römischen Frage» engagieren – im Klartext: zugunsten der Wiederherstellung der weltlichen Herrschaft des Papstes und gegen das Königreich Italien. In der Verfassungsdebatte verlangte das Zentrum, aus der preußischen Verfassung die Grundrechte – und zwar nur die die Kirche betreffenden – in die Reichsverfassung zu übernehmen. Selbst dem Zentrum wohlgesonnene Historiker haben diese Anträge als kapitale Fehlleistungen bewertet. Diese Anträge machten deutlich, in welchem Maße kirchliche Interessen die Haltung des Zentrums bestimmten. Für den Ausbruch des Kulturkampfs trägt auch das Zentrum eine Mitverantwortung.

Zweitens: Eine Hauptsorge Bismarcks galt von jeher der preußischen Ostgrenze, die er durch die polnische Nationalbewegung gefährdet sah, zumal nach seinem Eindruck in den östlichen Provinzen der Gebrauch der polnischen Sprache auf Kosten der deutschen zunahm. Die polnischen Geistlichen in Posen und Teilen Westpreußens und Schlesiens betrachtete er als Agenten einer «Polonisierung», da sie in den Volksschulen in ihrer Eigenschaft als Schulinspektoren die polnische Sprache fördern konnten. Insofern war es kein Zufall, daß Bismarck auf diesem Felde den ersten Schlag gegen den politischen Katholizismus führte: Im Juli 1871 wurde die 1841 errichtete «katholische Abteilung» im Kultusministerium aufgelöst, weil man ihrem Leiter eine Unterstützung der Polonisierungstendenzen des Klerus in den preußischen Ostprovinzen vorwarf. Über die Jahre hinweg hat Bismarck bei unterschiedlichen Anlässen betont, der Ursprung des Kulturkampfs liege in der polnischen Frage – diese Aussage sollte man ernst nehmen.

Gewiß war Bismarck nicht frei von antikatholischen Vorurteilen, und schon in seinen Frankfurter Jahren sah er (etwa anläßlich des badischen Kirchenstreits) die «ultramontane Partei als unsern unversöhnlichsten und als einen unsrer gefährlichsten Gegner». Doch der Kanzler war nicht – wie die Liberalen – Anhänger einer Staats- und Kulturidee, «die den Kampf gegen die katholische Kirche notwendig gemacht hätte» (Thomas Nipperdey). Motive und Ziel der antiklerikalen Bundesgenossen waren keineswegs deckungsgleich. Bismarck ging es nicht so sehr um Ideologie, sondern um das Politische, er führte den Kampf als einen Präventivkrieg zur Sicherung des Reichs, weil nach seiner Auffassung das Zentrum Reichsaufbau und Systemstabilisierung gefährdete. Das Zentrum als Partei auszuschalten, die Kirche zur Preisgabe des Zentrums zu bringen – das war zunächst sein Ziel. Wenn ihm die Liberalen in diesem Kampf kräftig Sukkurs leisteten, paßte das völlig in seine Strategie gegenüber den Liberalen, «aber das war eine erwünschte Nebenfolge, nicht der Grund»(Thomas Nipperdey).

Als eigentlicher Auftakt des Kulturkampfs gilt Bismarcks Rede im preußischen Landtag am 30. Januar 1872, in der er darlegte, er habe die Gründung des Zentrums nicht anders betrachten können «als im Lichte einer Mobilmachung der Partei gegen den Staat». Im Reichstag sprach er bald darauf den berühmt gewordenen Satz: «Nach Canossa gehn wir nicht, weder körperlich noch geistig.» Nach seiner Auffassung war die Regierung «zur Notwehr für den gefährdeten Staat» gezwungen, wie er 1873 im Herrenhaus erklärte.

Mit gesetzlichen Maßnahmen von Regierung und Parlamentsmehrheit auf der einen Seite, Widerstand von Zentrum, Episkopat, römischer Kurie und katholischem Kirchenvolk auf der anderen Seite eskalierte seit 1872 die Auseinandersetzung, wühlte die Leidenschaften immer stärker auf und gewann zunehmend eine Eigendynamik. Der Kampf wurde auf zwei Ebenen ausgetragen, im Reich und in den Bundesstaaten, vor allem in Preußen. Der Reichstag verabschiedete Ende 1871 den «Kanzelparagraphen» (gegen politischen Mißbrauch der Kanzel), im Juni 1872 das Jesuitengesetz, im Februar 1875 das Gesetz über die obligatorische Zivilehe (die in Preußen bereits 1874 eingeführt worden war). Seit 1872 lag der Schwerpunkt des Kampfes

aber nicht mehr im Reich, sondern in Preußen, wo für Vorbereitung und Umsetzung der Kampfgesetze Kultusminister Adalbert
Falk, ein «Geheimratsliberaler», zuständig war. Im März 1872
nahmen Landtag und Herrenhaus das Schulaufsichtsgesetz an,
das die Aufsicht über die Schulen in die Hände des Staates legte
(«Die Ernennung der Lokal- und Kreisschulinspektoren ... gebührt dem Staate allein»). Die «Maigesetze» von 1873 verstärkten das staatliche Aufsichtsrecht über die Kirche und engten die
kirchliche Disziplinargewalt gegen Geistliche und Laien ein;
der Kirchenaustritt wurde erleichtert. Das Attentat eines katholischen Arbeiters auf Bismarck im Juli 1874 (bei dem dieser
unverletzt blieb) heizte die Kulturkampfstimmung weiter an.
Nachdem Pius IX. durch eine Enzyklika die Kirchengesetze für
ungültig erklärt und alle, die sich an ihrem Vollzug beteiligten,
mit Exkommunikation bedroht hatte (5.2.1875), reagierte man
in Preußen im Mai 1875 mit einer neuen Welle von Kampfgesetzen («Brotkorbgesetz», Klostergesetz). Der Kulturkampf befand
sich nun auf seinem Gipfelpunkt. Mehrere Bischöfe und zahlreiche Geistliche waren abgesetzt, gar zu Geld- oder Gefängnisstrafen verurteilt worden; zeitweilig waren sämtliche preußischen Bischofsstühle und rund ein Viertel der katholischen Pfarreien unbesetzt. Jedoch – auch dies bleibt festzuhalten – die
Stellung der Zentrumspartei ist rechtlich nicht angegriffen worden; das Zentrum blieb auch bei den Wahlen, bei denen es
starke Zugewinne erzielte, unbehelligt.

Welchen Ausweg aus der völlig verfahrenen Lage konnte es
geben? Nach 1875 muß es Bismarck allmählich klar geworden
sein, daß er die Widerstandskraft des Gegners unterschätzt hatte
– ein eindeutiger Sieg würde nicht zu erringen sein in einer Auseinandersetzung, die Kultusminister Falk zu einem juristischen
Feldzug gegen die katholische Kirche gestaltete, der über Bismarcks Absichten teilweise hinausging. Eine Kursänderung ins
Auge zu fassen, fiel Bismarck leichter als vielen Liberalen, weil
er den Kampf als Konflikt mit politischen Zielen begonnen und
zu führen versucht hatte, nicht als Weltanschauungskrieg. Beherzt ergriff er die Chance, die sich mit dem Wechsel auf dem
Stuhl Petri bot: Im Februar 1878 starb der zum Symbol intransi-

genter Haltung gegenüber Bismarck gewordene Papst Pius IX.; sein Nachfolger Leo XIII. war auf Ausgleich bedacht, zumal sich die Kurie mit fast jedem größeren Staat in Europa im Konflikt befand. Am 3. Mai 1879 führte Bismarck ein langes Vieraugengespräch mit dem Zentrumsführer Ludwig Windthorst, mit dem er sich in den zurückliegenden Jahren heftige Rededuelle geliefert hatte. Wenige Wochen später bat Kultusminister Falk um seine Entlassung, und auf einem parlamentarischen Bierabend erklärte der Kanzler: «Der Kulturkampf ist zu Ende, wir führen ihn nicht weiter und legen die Waffen beiseite, aber wohlgeölt.»

Bismarcks Entschluß zur Beendigung des Kulturkampfs stand auch im Zusammenhang mit der umfassenden innenpolitischen Neuorientierung der Jahre 1878/79 (auf die gleich näher einzugehen ist): die Möglichkeit einer parlamentarischen Unterstützung durch das Zentrum für die neue Wirtschafts- und Finanzpolitik wurde für Bismarck interessant. Die Beilegung des Kulturkampfs vollzog sich in den 80er Jahren auf dem Weg mehrerer «Milderungsgesetze», welche die Kampfgesetze durchlöcherten. 1882 wurden die 1872 abgebrochenen diplomatischen Beziehungen zum Vatikan wieder aufgenommen; als erster Protestant erhielt Bismarck vom Papst den Christusorden mit Brillanten.

Wie ist der Ausgang des Kulturkampfs zu bewerten? Zentrum und Kirche hatten einen beachtlichen «Verteidigungssieg» errungen, aber der Status quo von 1871 wurde nicht wiederhergestellt; Schulaufsichtsgesetz, Kanzelparagraph, Jesuitengesetz, Einführung der obligatorischen Zivilehe, Erleichterung des Kirchenaustritts blieben in Kraft. Insofern war der Ausgang auch ein Erfolg des Staates. Gleichwohl gilt der Kulturkampf allgemein – um es milde zu sagen – nicht als ein Glanzpunkt in Bismarcks politischem Wirken. Die Kritik an seinem Vorgehen und seinen Kampfmethoden war und ist berechtigt. Doch bei der Beilegung des Kulturkampfs stellte der Kanzler einmal mehr seine diplomatische Meisterschaft unter Beweis.

In den Jahren 1878/79 kam es zu einer dramatischen Verdichtung des innenpolitischen Geschehens – mit der Konsequenz einer einschneidenden Veränderung der politischen und parlamentarischen Kräfteverhältnisse: Die Nationalliberalen waren nicht länger Bismarcks parlamentarische Hauptstütze, eine Kooperation mit dem Zentrum rückte in den Bereich des Möglichen, die Konservativen konnten ihren Einfluß auf die Regierungspolitik wieder verstärken, die Sozialdemokraten wurden durch ein Ausnahmegesetz geknebelt.

Hat Bismarck diese Veränderung der politischen Landschaft absichtsvoll herbeigeführt, gar zielstrebig eine zweite «innere» Reichsgründung ins Werk gesetzt? – eine zeitweilig recht beliebte Deutung, die inzwischen aber nur noch sporadisch vertreten wird. Eine an den Quellen orientierte Betrachtungsweise hat darauf abzuheben, daß der Gang der Dinge nach 1875 bis hin zu den Entscheidungen von 1878/79 nicht in dem Maße die Verwirklichung eines festen Plans gewesen ist, wie die Verfechter der These einer systematisch durchgeführten zweiten Reichsgründung meinen; der Prozeß war offener für andere Entwicklungen, als es vom Endpunkt her erscheinen mag.

Ausgangspunkt der Neuorientierung war Bismarcks Kurswechsel in der Handels- und Zollpolitik. Nach dem Börsenkrach und dem Ausbruch der Wirtschaftskrise geriet die im Reich praktizierte liberale Freihandelspolitik unter schärfsten Beschuß. Die Anhänger von Schutzzöllen, bis dahin ohne entscheidenden Einfluß, bekamen nun mächtig Oberwasser, in der Öffentlichkeit vollzog sich ein Stimmungsumschwung; auch Bismarcks Bankier Bleichröder beschwor den Kanzler im November 1875, die Handelspolitik müsse eine Änderung erfahren, «wenn nicht die Industrie in Deutschland vollends zugrunde gehen» solle. Bismarck hatte also Grund, sich um die deutsche Wirtschaft Sorgen zu machen. Daher entschloß er sich jetzt, das Steuer in der Handels- und Zollpolitik, das er bisher Rudolf von Delbrück überlassen hatte, in die eigene Hand zu nehmen. Nach seiner Überzeugung konnte durch die Einführung von Schutzzöllen die wirtschaftliche Lage erheblich verbessert werden, sowohl für die industriellen Unternehmer als auch für deren Arbeitskräfte, nicht nur für die Großgrundbesitzer, sondern auch für mittlere und kleine Bauern. Mit den dem Reich zufließenden Zolleinnahmen sowie durch Erhöhung der indirekten Steuern gedachte Bismarck zugleich einem seiner innenpolitischen Hauptziele, einer Finanzreform, näher zu kommen, nämlich das Reich finanziell auf eigene Füße zu stellen, es von den Matrikularbeiträgen der Bundesstaaten unabhängig zu machen. Es waren also komplexe, durchaus pragmatische und nicht ausschließlich einem Machtkalkül entspringende Überlegungen, die hinter der Einleitung eines neuen Kurses in der Wirtschafts- und Finanzpolitik standen.

Dieser Kurs nahm an Fahrt auf, als im April 1876 Delbrück – auf Regierungsebene Hauptexponent einer liberalen, auf Freihandel ausgerichteten Wirtschaftspolitik – zurücktrat. Würden die Nationalliberalen, in deren Reihen freihändlerische Positionen dominierten, den Übergang zur Schutzzollpolitik mitmachen?

Wie tastend Bismarck auf seinem Weg vorging, erhellt daraus, daß er sich Ende 1877 bemühte, Rudolf von Bennigsen, den Führer der Nationalliberalen, für den Eintritt ins preußische Kabinett zu gewinnen. Die ernsthaften Bemühungen scheiterten, weil Bennigsen, Repräsentant des rechten Parteiflügels, darauf bestand, neben ihm müßten zwei weitere, dem linken Parteiflügel angehörende nationalliberale Abgeordnete Minister werden. Das wollte Bismarck nicht konzedieren und konnte es wohl schon deshalb nicht, weil der König dazu schwerlich seine Zustimmung gegeben hätte.

Ehe es in der Frage der Zolltarife zum Schwure kam, beherrschte ein anderes Streitthema die innenpolitische Szene. Im Frühsommer 1878 wurden zwei Attentate auf Kaiser Wilhelm I. verübt; beim ersten am 11. Mai blieb er unverletzt, beim zweiten am 2. Juni wurde er schwer verwundet. Bismarck, der seit langem durch die sozialdemokratischen Aktivitäten die Staats- und Gesellschaftsordnung gefährdet sah, war sofort entschlossen, die Gelegenheit zu einem Schlag gegen die Sozialdemokratie zu nutzen. Ohne eingehende Prüfung lastete er schon das erste, fehlgeschlagene Attentat den Sozialisten an und legte dem Reichstag ein – überhastet entworfenes – Ausnahmegesetz vor, das dieser mit großer Mehrheit ablehnte; auch die Nationalliberalen stimmten dagegen. Das war am 24. Mai. Als wenige Tage später das zweite Attentat erfolgte, bei dem der einundachtzig-

jährige Kaiser durch Schrotkugeln im Gesicht, am Hals, an
Schultern und Armen so schwer verwundet wurde, daß man an
seinem Aufkommen zweifelte und der Kronprinz die Stellvertre-
tung übernehmen mußte, zögerte Bismarck keinen Augenblick.
Er ließ den Reichstag auflösen (zwei Tage vor Eröffnung des
Berliner Kongresses!), um in einem emotionsgeladenen Wahl-
kampf die Parteien, insbesondere die Nationalliberalen, unter
Druck zu setzen und eine parlamentarische Mehrheit für ein
Ausnahmegesetz gegen die Sozialdemokratie (und für die ge-
plante Einführung von Schutzzöllen) zu erreichen. Das gelang.

Im Oktober 1878 verabschiedete der Reichstag mit 221 gegen 149 Stimmen das «Gesetz gegen die gemeingefährlichen Bestrebungen der Sozialdemokratie». Für das Gesetz stimmten die
konservativen Parteien und nun auch die Mehrheit der Nationalliberalen, dagegen neben den wenigen sozialdemokratischen
Abgeordneten das Zentrum und die linksliberale Fortschrittspartei. Das Gesetz (das vorerst drei Jahre galt und dann drei
Mal verlängert wurde) verbot – unter Androhung von Gefäng-
nis- und Geldstrafen – Vereine, Versammlungen und Pres-
seerzeugnisse, «in denen sozialdemokratische ... Bestrebungen
zutage treten», und ermächtigte die Behörden, «Personen, von
denen eine Gefährdung der öffentlichen Sicherheit zu besorgen
ist», aus den betreffenden Orten und Bezirken auszuweisen. Die
kautschukartigen Paragraphen des Gesetzes boten Spielraum zu
unterschiedlicher Auslegung und entsprechender Praxis. Als
einzige legale Betätigung blieb der Sozialdemokratie die Beteiligung an Reichstags- und einzelnen Landtagswahlen.

Nach der Verabschiedung des Sozialistengesetzes entbrannte
der Kampf um die Finanz- und Tarifreform, der sich innerhalb
und außerhalb des Parlaments über mehrere Monate hinzog.
Am 12. Juli 1879 nahm der Reichstag mit einer Mehrheit von
hundert Stimmen das Gesetz an, das die Einfuhr von Industrie-
und Agrarerzeugnissen mit unterschiedlich hohen Zöllen bela-
stete. Für das Gesetz stimmten neben den Konservativen und
dem Zentrum auch eine Reihe von Abgeordneten der Nationalliberalen Partei, die jetzt ihrer Spaltung entgegenging (1880
konstituierte sich die Parteilinke als «Sezession»). Damit eine

Mehrheit für das Gesetz erzielt werden konnte, mußte Bismarck
Abstriche an der Regierungsvorlage hinnehmen und manche
Kröte schlucken; so nötigte ihm das Zentrum die sogenannte
«Franckensteinsche Klausel» ab, wonach ein die Höhe von
130 Millionen im Jahr übersteigender Zollertrag den Bundes-
staaten zu überweisen war.

Wenn Bismarck auch nicht alles erreicht hatte, was ihm vorschwebte, insbesondere hinsichtlich der Finanzreform, so war
jetzt doch der Übergang von der Freihandels- zur Schutzzollpolitik besiegelt, allerdings um den Preis, daß Bismarck von nun an
nicht mehr mit einigermaßen sicheren Mehrheiten im Reichstag
rechnen konnte. Das trat deutlich zutage, als bei der Reichstagswahl 1881 die Oppositionsparteien große Zugewinne erzielten,
so daß dem Kanzler nun eine oppositionelle Mehrheit gegen-
überstand. Von den 397 Mandaten entfielen 206 auf Zentrum,
Fortschrittspartei und «Sezession» (jene Linksliberalen, die die
Nationalliberale Partei verlassen hatten); darüber hinaus zähl-
ten zur Opposition auch Welfen, Polen, Elsaß-Lothringer und
SPD mit zusammen über fünfzig Abgeordneten. Bei den Reichstagswahlen 1884 änderte sich daran nicht viel, die in Opposition zur Regierung stehenden Parteien behielten die Mehrheit.
Es war freilich eine negative, inhomogene Mehrheit, so daß der
Kanzler manövrieren, die einen gegen die andern ausspielen, bei
einzelnen Vorhaben auch abwarten konnte – aber befriedigend
war seine Lage gewiß nicht.

Die Blockadesituation im Reichstag provozierte den Kanzler
häufig zu verbalen Ausfällen gegen Parteien und Parlamentaris-
mus, gegen das «parlamentarische Komödiantentum», gegen
den «Marasmus der Fraktionskrankheit», gegen die «Phantas-
magorien von einer möglichen Parlamentsherrschaft», die er bis
zum letzten Atemzug bekämpfen werde. Um den Einfluß der
Parteien zu mindern und den Reichstag zu schwächen, bemühte
sich Bismarck Anfang der 80er Jahre um die Schaffung pseudo-
repräsentativer Gremien. Der 1881 ins Leben gerufene preußische Volkswirtschaftsrat war gedacht als Vorlauf zur Errichtung
eines Reichsvolkswirtschaftsrats, der dem Reichstag Konkur-
renz machen sollte, der aber nicht zustande kam. Der preußi-

sche Volkswirtschaftsrat tagte einige Male und beendete dann sang- und klanglos seine Existenz. Diese Initiative der Regierung war ein glatter Schlag ins Wasser, Parlament und Parteien behaupteten ihre Stellung.

Infolge der prekären parlamentarischen Mehrheitsverhältnisse gestaltete sich der Gesetzgebungsprozeß bei Bismarcks wichtigstem innenpolitischen Projekt der 80er Jahre, der Sozialgesetzgebung, zu einem langen und schwierigen Hindernislauf. Mit der Schaffung der ersten obligatorischen Sozialversicherungen auf gesamtstaatlicher Ebene gegen die Folgen von Krankheit, Unfall, Invalidität und Alter wurde das Deutsche Reich «in der ganzen Welt zum Pionierland in der Entwicklung eines modernen Systems der sozialen Sicherheit» (Gerhard A. Ritter). Nicht zu Unrecht gilt die Sozialgesetzgebung als Bismarcks bedeutendste innenpolitische Leistung. Daß die verantwortliche Initiative von ihm ausging, ist unbestritten. Im September 1880 übernahm er selbst das für die Sozialpolitik zuständige preußische Handelsministerium, im November 1881 eröffnete er – für den erkrankten Kaiser – den neuen Reichstag mit der Verlesung einer «Allerhöchsten Botschaft», die die Einbringung der Sozialversicherungsgesetze ankündigte. Diese Initiative wird gemeinhin als Teil einer Doppelstrategie gegenüber der Sozialdemokratie bewertet: Repression durch Ausnahmegesetz und Besänftigung durch Sozialversicherung, drastischer ausgedrückt: Peitsche und Paternalismus. Das ist nicht ganz falsch, aber auch nicht ganz richtig. Natürlich ging es auch um den Versuch, die Arbeiter durch Schutz gegen elementare Lebensrisiken für den monarchischen Staat zu gewinnen. Aber nach den neuen Forschungen besteht kein unmittelbarer Zusammenhang zwischen Sozialistengesetz und Beginn der Sozialversicherungspolitik. Diese hat eigene Wurzeln und eigenes Gewicht. Bismarck war zwar Gegner einer umfassenden Arbeiterschutzgesetzgebung (er war u. a. gegen ein Verbot der Sonntagsarbeit), aber er sah die sozialen Schäden, die der Industriekapitalismus erzeugte, und er erkannte die Notwendigkeit, die soziale und ökonomische Lage der Arbeiter durch staatliche Maßnahmen zu verbessern.

Im Mittelpunkt von Bismarcks Interesse stand 1881 die Unfallversicherung wegen der unbefriedigenden Behandlung der Entschädigung bei Arbeitsunfällen (die Beweislast wurde den geschädigten Arbeitern auferlegt, was zu zahllosen Prozessen führte). Der gerade bei diesem Vorhaben besonders mühsame Gang des Gesetzgebungsverfahrens kann hier nicht näher verfolgt werden. Es bedurfte mehrerer Anläufe, bis nach hitzigen Auseinandersetzungen die dritte Vorlage zur Unfallversicherung im Juni 1884 mit den Stimmen von Konservativen, Zentrum und Nationalliberalen angenommen wurde; dagegen stimmten neben dem Dutzend Sozialdemokraten die Deutsch-Freisinnigen (der Zusammenschluß von Fortschrittspartei und Sezession). Der linksliberale «Freisinn» lehnte alle Sozialgesetze ab; er sah darin ein neues Element staatlicher Bevormundung; Ludwig Bamberger, Fürsprecher des privaten Versicherungswesens, sprach von einer «sozialistischen Schrulle». Noch vor dem Unfallversicherungsgesetz verabschiedete der Reichstag das Gesetz über die obligatorische Krankenversicherung; daran hatte Bismarck keinen größeren Anteil, weil er bei der Vorbereitung des Gesetzes krank war. Auch über die Gesetzesvorlage zur Alters- und Invalidenversicherung kam es seit 1887 zu langwierigen Verhandlungen im Reichstag und in den Ausschüssen. Bismarcks (letzte) Reichstagsrede am 18. Mai 1889 hat entscheidend dazu beigetragen, daß das Gesetz schließlich mit knapper Mehrheit angenommen wurde. Bei allen drei Vorhaben der Sozialversicherung mußte Bismarck große Konzessionen machen, um sie im Reichstag durchzubringen, denn dieser stand mehrheitlich der Intention des Kanzlers, Steuermittel zur Finanzierung einzusetzen, ablehnend gegenüber; nur bei der Alters- und Invalidenversicherung vermochte er einen (bescheidenen) staatlichen Zuschuß durchzusetzen. Was Bismarck immerhin erkämpfte, war ein Ausschluß der Privatversicherungen, der Versicherungszwang und der öffentlich-rechtliche Charakter der Sozialversicherungen.

Faßt man die Gesamtbilanz von Bismarcks Innenpolitik ins Auge, dann muß man mit Otto Pflanze konstatieren, daß der Kanzler trotz einiger Erfolge nicht die Ziele erreichte, die er sich und Deutschland gesetzt hatte. Die Finanzreform, die ihm be-

sonders am Herzen lag, kam nicht zustande. Das Zentrum überstand den Kulturkampf und die Sozialdemokratie das Sozialistengesetz. Es gelang ihm weder, die Macht des Reichstags zu
beschränken, noch eine solide Mehrheit für die Regierung zu
gewinnen. Zwar konnte er sich in Zollfragen auf die 1879 her-
gestellte Verbindung von Großindustrie und Landwirtschaft
verlassen, nicht aber bei Belangen, die andere Teile seines Programms betrafen. Die Gesamtbilanz fällt daher bestenfalls am-
bivalent aus.

Während Bismarck bei seinen innenpolitischen Vorhaben auf
die Kooperationsbereitschaft einer Reichstagsmehrheit ange-
wiesen war, konnte er in der Außenpolitik den von ihm für richtig gehaltenen Kurs ohne wesentliche Einflußnahme des Parlaments steuern. In der ersten Hälfte der 80er Jahre waren keine
größeren außenpolitischen Probleme zu bewältigen. Diese Jahre
standen im Zeichen des Auf- und Ausbaus eines Bündnissy-
stems, das in erster Linie bezweckte, den Ausbruch eines Krieges zu verhindern, erst in zweiter Linie, Vorsorge zu treffen, daß
bei einem gleichwohl ausbrechenden Krieg Deutschland nicht
allein stand.

Zunächst erreichte Bismarck im Juni 1881 – trotz längeren
österreichischen Sträubens – eine Erneuerung des Dreikaiser-
bündnisses; der streng geheimgehaltene Vertrag, der 1884 um
drei Jahre verlängert wurde, ermöglichte es dem Kanzler, die
russisch-österreichische Rivalität auf dem Balkan einigermaßen
zu kontrollieren.

Ein weiterer Schritt erfolgte im Mai 1882 mit der Erweite-
rung des Zweibunds zum Dreibund durch den Beitritt Italiens,
das sich durch die französische Annexion von Tunis (1881) dü-
piert und isoliert fühlte. Ein Jahr später schloß sich Rumänien
dem Bündnis an; Spanien und die Türkei traten in ein Verhältnis loser Anlehnung an dieses «System». Damals erreichte Bismarck den Gipfel seiner internationalen Autorität. Der britische
Botschafter in Berlin äußerte 1880: «In St. Petersburg ist sein
Wort Evangelium, ebenso in Paris und Rom, wo seine Worte
Achtung einflößen und sein Schweigen Besorgnis.» Zwei Jahre
später bemerkte Bismarck zu seinem Hausarzt, die auswärtige

Politik mache ihm keine einzige schlaflose Stunde. Frankreich und England fragten Deutschland um Rat, Österreich tue nichts ohne Anfrage, Italien mache förmlich den Hof, und jetzt komme selbst Rußland entgegen. Als der Zentrumsführer Windthorst am 10. Januar 1885 im Reichstag pathetisch ausrief, Deutschland sei von Feinden umgeben, entgegnete ihm Bismarck (wohl dezidierter, als er selbst glaubte): «Wir sind von Freunden umgeben in Europa.»

In jenen Jahren, in denen sich Deutschland relativer außenpolitischer Bewegungsfreiheit erfreuen konnte, begab sich Bismarck für einen kurzen Zeitraum auf das Gebiet der Kolonialpolitik. 1884/85 stellte er Südwestafrika, Togo, Kamerun, Ostafrika sowie Neuguinea und einige weitere Pazifikinseln unter den Schutz des Deutschen Reiches, nachdem dort Kaufleute und Verfechter des Erwerbs von Kolonien die deutsche Flagge gehißt hatten. Es ist viel gerätselt worden (weniger von den Zeitgenossen als von den Historikern), was den Kanzler zu diesem Engagement bewogen haben mag. In der breiten Palette der Erklärungsversuche figurierte einige Zeit an prominenter Stelle die Annahme innenpolitischer Motive (Herrschaftssicherung durch sozialimperialistische Manipulation der öffentlichen Meinung). Diese Deutung hat inzwischen ebenso an Strahlkraft eingebüßt wie die Vermutung, der von England ungern gesehene Erwerb deutscher Kolonien stehe im Zusammenhang mit der Erwartung eines baldigen Thronwechsels und sei gegen das anglophile Kronprinzenpaar gerichtet gewesen. Solche Mutmaßungen wirken konstruiert und weit hergeholt. Die Begründung, die Bismarck selbst immer wieder gegeben hat, war recht einfach und eindeutig. Als er im Reichstag am 10. Januar 1885 von der Kolonialfrage sprach, fügte er hinzu: «oder nach ihrer Entstehung will ich sie lieber so bezeichnen: des Schutzes unserer überseeischen Ansiedelungen, wie sie der Handel mit sich gebracht hat.» Ein andermal: «Wir folgen überhaupt keinem fremden Beispiele, sondern wir folgen unseren Kaufleuten mit unserem Schutze. Das ist das Prinzip.» Dabei schwebte dem Kanzler zunächst vor, die «Schutzgebiete» könnten durch eine Art informeller Herrschaft regiert werden. Das erwies sich aber rasch als unrealistisch. Die Schutzgebiete wurden zu regelrechten Kolonien.

Gewiß darf man, wie immer bei Bismarck, eine Kombination mehrerer Motive unterstellen. Doch es spricht viel für die Annahme, daß eine doppelte Überlegung für ihn bestimmend war: Zum einen bestand für das zur Großmacht gewordene Reich kein Grund, beim Wettlauf um die letzten noch «freien» Gebiete auf dem Globus prinzipiell beiseite zu stehen, zumal wenn Handlungsbedarf durch von außen kommende Forderungen entstand. Zum anderen war der Erwerb von Schutzgebieten einigermaßen risikolos möglich in einer Phase relativer Ruhe und Stabilität in den außenpolitischen Beziehungen des Reiches. Daß letzteres – gerade in der Sicht Bismarcks – die unabdingbare Voraussetzung darstellte, wird darin deutlich, daß er das kolonialpolitische Intermezzo abrupt beendete, als sich nach 1885 die europäische Lage fundamental veränderte und die deutsche Außenpolitik sich krisenhaften Entwicklungen gegenübersah, im Westen wie im Osten.

In Frankreich wurde Ende März 1885 das Kabinett Jules Ferry gestürzt, mit dem Bismarck vor allem auf dem Feld kolonialer Interessen kooperiert hatte, so daß es über einige Jahre hin zu einer gewissen Entspannung in den deutsch-französischen Beziehungen gekommen war. Ferrys Nachfolger verließ diesen Kurs, und der seit Januar 1886 amtierende Kriegsminister General Boulanger entfesselte eine populistische Revanche- und Kriegsstimmung gegen Deutschland («Die Schlacht ist unvermeidlich, die Armee ist bereit»). Die aggressiv-nationalistische Agitation ging einher mit Bemühungen um ein Bündnis mit Rußland, denn der französischen Regierung war klar, daß Frankreich nur mit einem solchen Bündnis einen Krieg gegen Deutschland riskieren konnte. Die revanchistische Kampagne in Frankreich flaute nach dem Sturz des staatsstreichlüsternen General Boulanger (Mai 1887) zwar allmählich ab, doch die Lage blieb weiterhin bedrohlich, denn auch im Osten hatte sich ein gefährlicher Brandherd entwickelt. Die Jahre 1886/87 standen daher im Zeichen einer ernsten «Doppelkrise».

Die auf dem Balkan heranreifende internationale Konfronta-

tion stellte Bismarck auf eine harte Bewährungsprobe, denn im
Interessenkonflikt zwischen Rußland und Österreich erwartete
jede Seite Unterstützung von Deutschland. Ihren Ausgang nahm
die Krise von einem Aufstand in Ostrumelien im September
1885. Die Aufständischen in diesem 1878 bei der Türkei ver-
bliebenen südlichen Bulgarien waren siegreich, vertrieben die
türkischen Beamten und proklamierten die Vereinigung Ostrumeliens mit dem Fürstentum Bulgarien. Die Herrschaft auch
über Ostrumelien übernahm unverzüglich der bulgarische Re-
gent Alexander von Battenberg, Großneffe des Zaren, aber auch
verschwägert mit der englischen Königsfamilie. Auf russisches
Betreiben war er 1879 zum Fürsten von Bulgarien gewählt worden, hatte sich dann aber mit dem Zaren überworfen, der ihn
nun mit exzessivem Haß verfolgte und gegen die Vereinigung
Ostrumeliens mit dem Fürstentum Bulgarien Einspruch erhob,
allerdings erfolglos. Zwar wurde der Battenberger schließlich
zur Abdankung gezwungen, aber Regierung und öffentliche
Meinung Rußlands betrachteten Verlauf und Ausgang der Krise
als eine eklatante Niederlage; man führte sie auch auf mangelnde Unterstützung von seiten Deutschlands zurück. Bismarck
hatte sich von Anfang an intensiv um Vermittlung und Ausgleich durch Abgrenzung von Einflußsphären bemüht. Er kritisierte die Einmischungspolitik der Habsburgermonarchie und
mißbilligte die Wahl des proösterreichischen Prinzen von Sach-
sen-Coburg zum neuen bulgarischen Fürsten (Juli 1887), aber
andererseits warnte er die russische Regierung vor einer militärischen Besetzung Bulgariens. Sein Ziel war es, eine offene Kon-
flagration zwischen Österreich und Rußland zu verhindern. Das
ist ihm letztlich gelungen. Was er nicht abwenden konnte, war
der Bruch zwischen Rußland und Österreich. Das Dreikaiserbündnis erklärte der Zar für tot.

Wenn es unmöglich war, das 1887 auslaufende Dreikaiserbündnis zu erneuern, so wollte Bismarck doch auf keinen Fall
den Draht nach Petersburg abreißen lassen. Deshalb schloß er
im Juni 1887 mit Rußland den geheimen «Rückversicherungsvertrag». Dieser verpflichtete zu wohlwollender Neutralität
auf der einen Seite Rußland bei einem unprovozierten Angriff

Frankreichs auf Deutschland, auf der anderen Seite das Deutsche Reich bei einem unprovozierten Angriff der Habsburgermonarchie auf das Zarenreich. Es ist viel darüber diskutiert worden, ob dieser Geheimvertrag in Einklang stand mit den anderen Bündnissen des Reiches; Bismarck selbst, der dem Vertrag nur relativen Wert zuerkannte, fühlte sich nicht von Skrupeln geplagt, denn völkerrechtlich bestand kein Widerspruch zu anderen Verträgen, deren Sinn es in seiner Sicht war, Krieg zu vermeiden und den Frieden zu wahren, also einen kriegerischen Konflikt – und damit die Bündnisverpflichtung – gar nicht eintreten zu lassen. Für ihn setzte das Nebeneinander von Zweibund und Rückversicherungsvertrag eine «Prämie auf friedliches Verhalten»: nur der angegriffene Teil konnte auf deutsches Wohlwollen rechnen.

Im deutschen Reichstag kam Ende 1886 die neue Militärvorlage auf die Tagesordnung. Die Regierung forderte wieder ein Septennat, also siebenjährige Gültigkeit des Heeresetats, sowie Mehrbelastungen zwecks Erhöhung der Friedenspräsenzstärke. Bismarck dürfte es klar gewesen sein, daß diese Vorlage zum Scheitern verurteilt war; offensichtlich suchte er einen Vorwand, um den widerspenstigen Reichstag aufzulösen und eine emotionale Wahlkampagne im Zeichen nationaler Bedrohung zu führen. So ist es dann tatsächlich gekommen. Nach Ablehnung der Septennatsvorlage wurde der Reichstag am 14. Januar 1887 aufgelöst. Die Neuwahl im Februar brachte den als «Kartell» operierenden Konservativen und Nationalliberalen – seit Jahren Bismarcks Wunschkombination – die absolute Mehrheit der Mandate, 220 von 397 Sitzen. Im März bewilligte die Kartellmehrheit die Militärvorlage.

Die österreichisch-russische Konfrontation dauerte 1887 fort, ja sie erfuhr eine Zuspitzung und steigerte sich zu akuter Kriegsgefahr, denn nicht nur der österreichische Generalstab drängte auf eine präventive kriegerische Auseinandersetzung mit dem Zarenreich, sondern auch in Deutschland gewann die Idee eines Präventivkriegs immer mehr an Boden, unter Militärs und Diplomaten, aber auch bei den Wortführern fast aller politischen Gruppen. Bismarcks Mitarbeiter Holstein bemerkte Anfang

1888: «Hier ist eigentlich alle Welt für den Krieg, mit fast alleiniger Ausnahme von Seiner Durchlaucht, der die äußersten Anstrengungen macht, um den Frieden zu erhalten.» In der Tat stemmte sich Bismarck mit ganzer Kraft gegen die Präventivkriegsbestrebungen. Deren für ihn gefährlichster Protagonist war der starke Mann im deutschen Generalstab Graf Waldersee, der Moltke für seine Präventivkriegsvorstellungen gewann, die Verhandlungen mit dem österreichischen Generalstab forcierte und mit Hilfe der deutschen Militärattachés eine Nebenaußenpolitik zu betreiben suchte. Dagegen machte Bismarck entschieden Front. Seit Mai 1887 bemühte er sich um die österreichische Zustimmung zur Veröffentlichung des Zweibundvertrags, um in aller Öffentlichkeit den casus foederis klarzustellen: nur bei einem unprovozierten russischen Angriff war das Reich zur Waffenhilfe für Österreich verpflichtet. Im Dezember gelang es dem Kanzler schließlich, Moltke zu einer reservierten Haltung bei den deutsch-österreichischen Militärbesprechungen zu bewegen, indem er ihn über den geheimen Rückversicherungsvertrag informierte. Um die Jahreswende 1887/88 konnte das gefährlichste Stadium der Krise als überstanden gelten. Am 3. Februar wurde der Text des Zweibundvertrags publiziert, und drei Tage später hielt Bismarck im Reichstag eine vielbeachtete Rede, in der er im Vertrauen auf Deutschlands militärische Stärke den Gedanken eines Präventivkriegs weit von sich wies. In Erinnerung geblieben ist diese Rede vor allem durch den markanten Schlußsatz: «Wir Deutsche fürchten Gott, aber sonst nichts in der Welt.» Doch Bismarck fügte hinzu – was meist nicht mitzitiert wurde und wird – «und die Gottesfurcht ist es schon, die uns den Frieden lieben und pflegen läßt.»

Wenige Wochen später stand Bismarck am Sterbebett des fast einundneunzigjährigen Kaisers. Als er am 9. März dem versammelten Reichstag den Tod Wilhelms I. mitteilte, war er tief bewegt und konnte die Tränen kaum zurückhalten. Mit ihm trauerte die übergroße Mehrheit der Deutschen um den «alten Kaiser», der zum Symbol der Nation geworden war. Friedrich Wilhelm, der nach so vielen Jahren zermürbenden Wartens jetzt den Thron bestieg und sich als Kaiser Friedrich III. nannte, war ein todkranker Mann. Er litt an unheilbarem Kehlkopfkrebs im Endstadium. Auf die Nachricht vom Tod seines Vaters kehrte er von der Riviera nach Berlin zurück und verbrachte die letzten Wochen seines Lebens, von Kaiserin Friedrich abgeschirmt, im Schloß Charlottenburg. Mochte Bismarck früher gelegentlich befürchtet haben, beim Thronwechsel könnte er die Macht möglicherweise an ein deutsches «Kabinett Gladstone» entschieden liberaler Färbung verlieren – eben dies hofften die Linksliberalen –, so war davon im Dreikaiserjahr 1888 keine Rede mehr. Der Kanzler blieb unangefochten und wie selbstverständlich im Amt. Zu mehr als einigen symbolischen Handlungen kam es nicht: der den Liberalen besonders verhaßte preußische Innenminister Robert von Puttkamer wurde entlassen, ein paar Linksliberale erhielten Orden. Im Grunde bestanden die 99 Tage der Regentschaft Friedrichs III. im allgemeinen Warten auf das Ende. Als er am 15. Juni den letzten Atemzug getan hatte, war sein ältester Sohn, der neunundzwanzigjährige Prinz Wilhelm, preußischer König und deutscher Kaiser. Dem zu erwartenden Thronwechsel hat Bismarck mit einem gewissen Unbehagen entgegengesehen. Als er Ende 1887 Gewißheit über die unheilbare Krankheit Friedrich Wilhelms erhalten hatte, äußerte er zu einem Bekannten, er halte das Ausfallen des Kronprinzen für ein «großes Unglück»; Prinz Wilhelm sei «ein Brausekopf, könne nicht schweigen, sei Schmeichlern zugänglich und könne Deutschland in einen Krieg stürzen, ohne es zu ahnen und zu wollen». Als der Kanzler wenige Stunden nach dem Hinscheiden Friedrichs III. dem jungen Kaiser seine Aufwartung machte, erfuhr er gleich, daß nun ein anderer Wind wehte. Dem einzigen Augenzeugen dieser Begegnung ist die Szene unvergeßlich geblieben: Wilhelm stand in souveräner Haltung da, den Kopf zurückgeworfen, und hielt dem Dreiundsiebzigjährigen die Hand zum Huldigungskusse hin, «sie so niedrig haltend, daß Bismarck sich tief hinabbeugen mußte, um die Hand mit den Lippen zu berühren».

Über kaum einen Monarchen ist so viel geschrieben worden wie über Wilhelm II., der schwer daran trug, daß sein linker Arm von Geburt her verkrüppelt war und bei dessen Erziehung schwere Fehler gemacht worden waren. Der junge Kaiser wollte

vor allem eines: selbst herrschen und deshalb den «Alten» loswerden. So war der Konflikt mit dem Kanzler, der gewohnt war,
selbst das Staatsschiff zu steuern, wohl unvermeidlich. Fraglich
war nur, wie rasch und aus welchem Anlaß es zur Konfrontation kommen und in welcher Form diese verlaufen würde.

Im sich anbahnenden Konflikt zwischen Kaiser und Kanzler
hat Bismarck sicherlich nicht immer geschickt taktiert. So war
es nicht klug, daß er in den acht Monaten zwischen Ende Mai
1889 und Ende Januar 1890 sich nur zwei Mal für wenige Tage
in Berlin aufhielt und es seinem Sohn Herbert, dem Staatssekretär, überließ, den Kontakt zum Monarchen zu pflegen. Mochte
dies durch die Überlegung motiviert sein, Reibungsflächen zu
vermindern und dem selbstbewußten jungen Kaiser nicht das
Gefühl zu geben, vom «Alten» bevormundet zu werden, so gab
Bismarck durch seine lange Abwesenheit doch unnötig Terrain
preis, was seine Gegner, die das Ohr Wilhelms II. suchten, nutzen konnten.

Zum Hauptkonfliktfeld entwickelte sich seit 1889 die Arbeiterfrage und die Auseinandersetzung mit der Sozialdemokratie,
die jetzt für Bismarck in den Vordergrund rückte. Obwohl das
Sozialistengesetz erst im Herbst 1890 auslief, legte der Kanzler
schon Ende Oktober 1889 dem Reichstag den Entwurf eines
neuen Sozialistengesetzes vor, das – im Unterschied zum bisherigen – unbefristet gelten sollte. Die Auseinandersetzung über
diese Regierungsvorlage wurde zur Kraftprobe nicht nur zwischen Bismarck und den Parteien, sondern auch zwischen ihm
und dem Kaiser. Einen Tag vor der auf den 25. Januar 1890 anberaumten Schlußabstimmung über den Gesetzentwurf fand ein
Kronrat statt, den der Kaiser ohne vorherige Verständigung mit
Bismarck einberufen hatte – mit der Absicht, dem Gesetz durch
eine Entschärfung des Entwurfs (Verzicht auf die Ausweisung
sozialdemokratischer Agitatoren) eine Mehrheit zu verschaffen.
Der Kanzler wies jedes Entgegenkommen rigoros ab, es kam zu
einem erregten Wortwechsel zwischen ihm und dem Kaiser: ein
beispielloser Vorgang. Wie ein Teilnehmer dieser Sitzung fest-
hielt, ging man «mit dem Gefühl auseinander, daß ein irrepa-
rabler Bruch zwischen Kanzler und Souverän erfolgt war».

Am folgenden Tag lehnte der Reichstag den Gesetzentwurf, zu dessen Abschwächung Bismarck nicht bereit war, mit 169 : 98 Stimmen ab. Am gleichen Tag endete die Legislaturperiode. Die Reichstagsneuwahl Ende Februar (20.2. Hauptwahl, 28.2. Stichwahl) endete mit einem Debakel für die Kartellparteien und einem Fiasko für Bismarck. Die Sozialdemokraten wurden mit 1,4 Millionen Stimmen (= 19,7 %) erstmals stimmenstärkste Partei in Deutschland und verdreifachten die Zahl ihrer Sitze (35, vorher 11), die bisherige Mehrheit von Konservativen und Nationalliberalen war dahin. Die Fraktionen, die zur Regierung in Opposition standen, verfügten im neuen Reichstag über eine klare Mehrheit.

Mit dem Kronrat vom 24. Januar hat der Showdown zwischen Kaiser und Kanzler begonnen, der am 18. März mit dem Bismarck abgenötigten Entlassungsgesuch endete. Die Züge und Winkelzüge der beiden Kontrahenten in diesem sich über fast zwei Monate hinziehenden Ringen hat die Forschung bis ins Detail aufgehellt – das kann hier nicht im einzelnen ausgebreitet werden. Auf beiden Seiten griff man zu ungewöhnlichen Mitteln. Der Kaiser ließ den Verkehr im Haus des Reichskanzlers polizeilich überwachen; Bismarck begab sich in die französische Botschaft, um dort Beistand zu suchen für die Torpedierung des kaiserlichen Vorhabens einer internationalen Konferenz über die Arbeiterfrage in Berlin. Bismarck-Sohn Bill traf ins Schwarze, wenn er einige Tage nach dem Kronrat vom 24. Januar bemerkte: «Es fehlt meinem Vater der alte Hammerschlag.» Tatsächlich machen Bismarcks Aktionen in diesen Wochen den Eindruck des Schwankens und einer gewissen Ratlosigkeit. Sie mag auch dadurch mitbedingt gewesen sein, daß er sich in einem Dilemma sah: Ein erheblicher Teil seines Lebenswerks hat darin bestanden, die Stellung des preußischen Monarchen zu sichern, zu befestigen und zu erhöhen – und nun befand ausgerechnet er sich in schroffer Konfrontation mit seinem Souverän! Es ging nicht mehr um Meinungsverschiedenheiten, die irgendwie durch Kompromisse beigelegt werden konnten; es war ein furioser Machtkampf entbrannt. Der Kanzler konnte ihn nicht gewinnen; das hätte er erkennen müssen. Die realistische Einschätzung von Personenkonstellationen und Kräfteverhältnissen – so lange Markenzeichen von Bismarcks politischer Kunst – wo war sie geblieben? Überhaupt wird man die Frage stellen können, ob der Kanzler nicht besser daran getan hätte, schon 1889, als die Unhaltbarkeit der Situation durchaus zu erkennen war, einen geordneten Rückzug einzuleiten, statt sich verbissen an die Macht zu klammern – einen geordneten Rückzug unter Sicherung von Sohn Herberts weiterhin maßgeblichem Einfluß auf die Führung der Außenpolitik.

Wie sollte, wie konnte es weitergehen? Plante Bismarck einen Staatsstreich? Darüber ist in der Forschung heftig diskutiert worden, wobei man sich auf Äußerungen des Kanzlers in einer Sitzung des preußischen Staatsministeriums am 2. März bezieht. Wenige Tage nach der so ungünstig ausgegangenen Reichstagswahl stellte Bismarck zur Erwägung: Bei Reichstagsauflösung und fortgesetzt schlechtem Ausgang von Reichstagsneuwahlen könnten die Fürsten vom gemeinsamen Bundesvertrag zurücktreten und das Reich auf veränderter Basis neu gründen. Daß es sich dabei um bloße Gedankenspiele gehandelt haben muß, ergibt sich schon aus der schlichten Überlegung, daß nur der Kaiser den Reichstag auflösen konnte. Würde Wilhelm II. zur Rettung der Machtstellung Bismarcks, den er loswerden wollte, den Reichstag wiederholt auflösen? Diese Vorstellung ist ebenso absurd wie die Annahme, die Bundesfürsten hätten sich instrumentalisieren lassen von einem Kanzler, dessen Position bereits stark erschüttert war. Ganz zu schweigen von der Haltung der Militärführung: Graf Waldersee, inzwischen Generalstabschef, arbeitete seit langem auf den Sturz des Kanzlers hin. Schon «Ende Januar» informierte der Kaiser General Caprivi, er habe ihn zum Nachfolger Bismarcks ausersehen, und als Caprivi entsetzt reagierte, erklärte Wilhelm II. barsch: als Soldat habe er zu gehorchen (so Caprivi zu Baronin Spitzemberg am 19.3.1891).

Am 12. März traf sich Bismarck mit dem Zentrumsführer Windthorst, um die parlamentarische Situation im neuen Reichstag zu sondieren; die Aussprache endete ohne konkretes Ergebnis. Windthorst schied mit dem Eindruck: «Ich komme von dem politischen Sterbebett eines großen Mannes.» Damit hatte er die

Lage genau erfaßt. Bismarcks politische Isolierung war nun offensichtlich, das Kesseltreiben gegen ihn in vollem Gange.

Einen letzten Höhepunkt erreichte der Konflikt am 15. März, als der Kaiser frühmorgens unangemeldet im Auswärtigen Amt erschien und Bismarck heftig zur Rede stellte, u. a. wegen der Zusammenkunft mit Windthorst und wegen zu günstiger Beurteilung der Beziehungen zu Rußland, an dessen unmittelbar bevorstehenden Angriffskrieg gegen Österreich Wilhelm glaubte. Zu allen anderen Streitpunkten kam nun auch noch ein gravierender außenpolitischer Dissens. Die informelle Beratergruppe um den jungen Kaiser – von Generalstabschef Graf Waldersee über den Kaiserfreund Graf Eulenburg und Geheimrat Holstein bis zum Kaiseronkel Großherzog Friedrich von Baden, allesamt ebenso geschworene Bismarck- wie Rußlandfeinde – wollte um jeden Preis die von russischer Seite gewünschte Verlängerung des im Juni 1890 auslaufenden Rückversicherungsvertrags verhindern (und das gelang ihnen nach Bismarcks Sturz – eine verhängnisvolle außenpolitische Entscheidung!).

Mit der erregten Szene vom 15. März war der Bruch zwischen dem Kaiser und Bismarck endgültig. Am 17. März überbrachte der Chef des Militärkabinetts dem Kanzler die Aufforderung Wilhelms II., unverzüglich sein Entlassungsgesuch einzureichen und am Nachmittag zur Entgegennahme des Abschieds ins Schloß zu kommen. Bismarck verlangte Zeit zur Abfassung des Schreibens und diktierte dieses am nächsten Tag. An eben diesem 18. März sprach Wilhelm II. vor den ins Schloß befohlenen kommandierenden Generalen über sein Zerwürfnis mit dem Kanzler: er könne ihn «nicht brauchen», denn er wolle «nicht Order parieren; also muß er fort!» Am Abend dieses 18. März sandte Bismarck sein Abschiedsgesuch ab; es war so geschickt formuliert, daß die ganze Schuld am Zerwürfnis auf den Kaiser fiel, der deshalb die Veröffentlichung des Textes nicht gestattete. Am 20. März erhielt Bismarck seine Entlassung, gleichzeitig wurde General Caprivi zum neuen Reichskanzler und preußischen Ministerpräsidenten ernannt. Eine Epoche war zu Ende gegangen.

Auch ein rückblickender Betrachter wird sich eingestehen müssen: So, wie die Dinge nun einmal lagen, läßt sich kein Weg erkennen, bei dessen Beschreiten ein längeres Verbleiben Bismarcks in seinen Ämtern realistischerweise möglich erschien. Die Uhr der Herrschaft dieses Kanzlers war abgelaufen. Gleichwohl: Der Reichsgründer hätte es verdient, daß sich sein Abschied von der Macht in anderer, würdigerer Form vollzogen hätte, als das geschehen ist.

VI. Nach dem Abschied von der Macht
(1890–1898)

Die Reaktionen auf die Nachricht vom Ausscheiden Fürst Bismarcks aus seinen Ämtern fielen unterschiedlich aus. Im Ausland, Frankreich nicht ausgenommen, überwogen Achtung für den Scheidenden und Sorge, was nun kommen würde. In Deutschland dagegen machte die Meldung keinen tieferen Eindruck: keine Extrablätter, keine nervösen Kursausschläge an der Börse, keine Menschenaufläufe. Im Reichstag begnügte sich der Präsident mit einem dürren Satz, im preußischen Landtag herrschte eisiges Schweigen. Es scheint, daß Fontanes Satz «Es ist ein Glück, daß wir ihn los sind» ziemlich genau die allgemeine Stimmung traf. Wie Manfred Hank konstatiert: «Man trennte sich leicht von Bismarck, allzu leicht, ganz so, als sei man seiner längst überdrüssig geworden.» Dazu trugen zwei Umstände bei. Die Strategie von Kaiser und Hof, das Ausscheiden des Fürsten als einen gesundheitlich bedingten freiwilligen Rücktritt erscheinen zu lassen, war zunächst erfolgreich. Dies auch deshalb, weil Bismarck, der sein «Rücktrittsgesuch» ja nicht veröffentlichen durfte, in den Tagen nach dem 20. März äußerlich ruhig und gefaßt das Protokoll beachtete: Abschiedsbesuche beim Kaiser und dessen Mutter, Abschiedsessen für Minister und Staatssekretäre. Nur wenigen Persönlichkeiten gegenüber machte er aus seinem Herzen keine Mördergrube. So schrieb er am 23. März dem württembergischen Ministerpräsidenten, er sei nicht «zurückgetreten», sondern gegen seinen

Wunsch «und ohne erkennbaren Grund entlassen worden», und dem bayerischen Gesandten in Berlin Graf Lerchenfeld versicherte er, er habe durchaus nicht zurücktreten wollen, sondern sei vom Kaiser «weggeschickt» worden: «Zu Seiner Majestät ist jede Spur von Vertrauen bei dem Fürsten geschwunden. Er betrachtet ihn als den sicheren Verderber des Reichs.»

Mit einem «großen Bahnhof» wurden der Fürst und seine Frau am 29. März aus Berlin verabschiedet. Unter Ovationen ungeheurer Menschenmassen fuhr ihre Wagenkolonne vom Reichskanzlerpalais zum Lehrter Bahnhof. Dort erwies eine Schwadron Gardekürassiere militärische Ehren, Reichskanzler Caprivi und alle Minister, das diplomatische Korps und Angehörige des Hofes hatten sich eingefunden. Tausende stimmten das Deutschlandlied und die «Wacht am Rhein» an, als sich der Zug langsam Richtung Friedrichsruh in Bewegung setzte. Dort traf wenige Tage später auch Herbert ein. Er hatte am 23. März sein Entlassungsgesuch eingereicht, der Kaiser suchte ihn aber zu halten, um in der Öffentlichkeit ein gewisses Einvernehmen mit den Bismarcks vorzutäuschen. Aber Herbert bestand auf seiner Entlassung, die am 26. März bewilligt wurde. Am 10. April verließ er Berlin.

Von wenigen Reisen abgesehen hat Bismarck die letzten acht Jahre seines Lebens in Friedrichsruh verbracht – «grollend wie ein entthronter Dynast» (Maximilian Harden). Im Hause Bismarck galt die Sprachregelung, der Fürst sei vom Kaiser «herausgeschmissen», er sei «die Treppe hinuntergeworfen», er sei «wie ein Bedienter weggejagt» worden. In die Rolle eines «elder statesman» wollte der Gestürzte nicht schlüpfen, konnte er nach den Umständen der Entlassung auch keinesfalls. Doch die Politik ließ den Fünfundsiebzigjährigen nicht los. Welcher Instrumente konnte er sich bedienen? In den ersten Monaten nach der Entlassung empfing er mehrere, auch ausländische Zeitungskorrespondenten zu Interviews, die Aufsehen erregten. Bald aber stand ihm ein geeigneterer Weg zur Einwirkung auf die öffentliche Meinung zur Verfügung: Der Besitzer der «Hamburger Nachrichten» erbot sich, dem Exkanzler die Spalten seines Blattes zu öffnen, und die Bismarcks nahmen dieses Angebot gerne an, weil es ihnen Kritik am Regierungskurs ermöglichte, ohne daß nach außen hin die volle Verantwortung übernommen werden mußte. Der politische Redakteur der «Hamburger Nachrichten» Hermann Hofmann erschien regelmäßig in Friedrichsruh, um Presseweisungen entgegenzunehmen, manchmal auch ausformulierte Artikel, die er ohne Namensangabe veröffentlichte. Im Lauf der Jahre sind so – in verdeckter Weise – buchstäblich über tausend Bismarcksche Stellungnahmen zu zahllosen Themen in die Öffentlichkeit gelangt.

Gab es noch andere Möglichkeiten zur Einwirkung auf die öffentliche Meinung? Im März 1891 nahm Bismarck die ihm vom nationalliberalen Wahlkomitee eines nordhannoverschen Wahlkreises angetragene aussichtsreiche Kandidatur bei einer Reichstagsnachwahl an. Der Exkanzler wurde gewählt, allerdings erst in der Stichwahl; bei niedriger Wahlbeteiligung erhielt er 10544 Stimmen, der sozialdemokratische Gegenkandidat 5486 – ein deutlicher, aber nicht glanzvoller Sieg in einem von den Nationalliberalen bisher souverän dominierten Wahlkreis. Bismarck nahm das Mandat an – in Berliner Regierungskreisen verbreiteten sich nun Furcht und Schrecken –, aber er hat das Mandat nicht ausgeübt: Im Reichstag ist er nie erschienen; zu klar war ihm bewußt, daß er sich bei einem solchen Auftritt einer höchst peinlichen Situation aussetzen würde. Da versprach die Pressebeeinflussung bequemere Erfolge.

Während die publizistischen Feldzüge dem aktuellen politischen Geschehen in der «Neuen Ära» galten, zielte das andere Projekt, das Bismarck nach seiner Entlassung in Angriff nahm, auf die Nachwelt: Sein Memoirenwerk sollte so etwas wie sein politisches Testament werden. Am 6. Juli 1890 wurde mit Alfred Kröner vom Verlag Cotta der Verlagsvertrag unterzeichnet. Das stattliche Honorar betrug 100 000 Mark pro Band, dafür erwarb Cotta aber das uneingeschränkte, alle Auflagen und Sprachen umfassende Verlagsrecht und hatte so Aussicht auf ein glänzendes Geschäft. Bismarck holte seinen alten, ihm treu ergebenen Mitarbeiter Lothar Bucher, der stenographieren konnte, nach Friedrichsruh. Ihm diktierte er – sprunghaft und ohne systematischen Zusammenhang – einzelne Episoden aus seinem

persönlichen und politischen Leben, einprägsame Personencha-
rakterisierungen und eindringliche Reflexionen über das Wesen
der Politik und über seine Politik. Bucher ordnete die Diktate,
überprüfte einzelne Aussagen und war im übrigen höchst unzufrieden mit Bismarcks Arbeitsweise und Lustlosigkeit. Während
Bucher ein gründliches historisches Werk vorschwebte, ging es
dem gestürzten Kanzler um sein Selbstbild und um eine scho-
nungslose Abrechnung mit Wilhelm II. Im Mai 1892 war die
erste Fassung des Werkes vollendet. Der schwerkranke Bucher
verließ Friedrichsruh, wohin er nicht mehr zurückkehrte; im
Oktober dieses Jahres starb er am Genfer See einen einsamen
Tod. Danach kamen neue Kapitel nicht mehr hinzu, das Manu-
skript wurde nur noch wiederholt ergänzt und überarbeitet.

Gegenüber Kröners Drängen auf baldige Publikation blieb
Bismarck hart: Zu seinen Lebzeiten durfte das Werk nicht erscheinen. Doch schon wenige Monate nach Bismarcks Tod kamen im November 1898 die ersten beiden Bände der «Gedanken und Erinnerungen» auf den Markt (ein dritter Band, in dessen Mittelpunkt Wilhelm II. steht, wurde zurückgehalten und
erst 1921 veröffentlicht). Die «Gedanken und Erinnerungen»
wurden zu einem der größten Erfolge in der deutschen Verlags-
geschichte. Schon nach wenigen Tagen waren 300 000 Exem-
plare des nicht eben preiswerten Werkes verkauft, es folgte Auflage um Auflage und eine fremdsprachliche Übersetzung nach
der anderen. Mögen die «Gedanken und Erinnerungen» nicht
in jedem Fall eine verläßliche historische Quelle sein, so faszi-
nieren sie doch durch sprachliche Kraft, gedankliche Dichte und
Schärfe der Beobachtungen.

Kehren wir zurück in die frühen 1890er Jahre. Kaiser und
Hof hatten sich damit abgefunden, daß der gestürzte Kanzler
mit Kritik an Politik und Politikern der «Neuen Ära» nicht zu-
rückhielt – Hauptsache: die Person des Kaisers blieb dabei aus
dem Spiel. Diese Prämisse beachtete Bismarck, und so konnte
ein offener Konflikt vorläufig vermieden werden. Die Fassade
eines Mindestmaßes gegenseitiger Höflichkeiten stürzte im
Sommer 1892 jäh zusammen anläßlich der Hochzeit des Kanz-
lersohns Herbert mit der jungen ungarischen Gräfin Hoyos. Als

bekannt wurde, der Fürst werde sich zu der für Juni anberaumten Hochzeit nach Wien begeben und wolle dabei Kaiser Franz Joseph einen Höflichkeitsbesuch abstatten, brach in Berlin Panik aus, vor allem bei Holstein, der die Rückkehr der Bismarcks an die Macht (und ihre Rache) fürchtete. Er vermochte es, Reichskanzler Caprivi und (über Graf Eulenburg) den Kaiser zu einer massiven Intervention zu bewegen. Der Kanzler verbot dem deutschen Botschafter in Wien, an der Hochzeitsfeier teilzunehmen, und Wilhelm II. beschwor Kaiser Franz Joseph, er möge den «ungehorsamen Untertan» nicht empfangen. Da der Caprivi-Erlaß rasch publik wurde (Bismarck titulierte ihn als «Urias-Brief»), war der Skandal perfekt.

Bismarcks Wienreise im Juni 1892 wurde zu einem Triumphzug ohnegleichen. Auf allen Stationen huldigten ihm begeistert die zusammengeströmten Massen und bekundeten ihm ihre Sympathie, auch in Kissingen, wo sich der Fürst im Anschluß an die Wienreise einige Wochen zur Kur aufhielt. Auf der Rückreise besuchte er Jena, wo er zwei aufsehenerregende Reden hielt, in denen er sich für eine Stärkung des Reichstags aussprach. Im Ergebnis der Rundreise war klar erkennbar: Je länger die Entlassung zurücklag und je mehr die Kritik am neuen Kurs und an den Allüren des Kaisers zunahm, desto heller erstrahlte der Stern des gestürzten Kanzlers.

Dieser Einsicht konnte sich auch Wilhelm II. auf die Dauer nicht verschließen. Als Bismarck Ende August 1893 während seiner Kissinger Kur lebensgefährlich erkrankte, mahnten enge Berater den Kaiser: Wenn der Alte im Sachsenwald plötzlich sterbe, ohne daß Wilhelm sich vorher mit ihm versöhnt habe, so werde ihm das deutsche Volk das niemals verzeihen. So entschloß sich der Kaiser, Bismarck für einen Genesungsaufenthalt eines seiner mitteldeutschen Schlösser anzubieten; das Angebot wurde abgelehnt. Aber im Januar 1894 kam dann doch eine – allerdings ganz auf ihre Wirkung in der Öffentlichkeit berechnete – «Versöhnung» zustande. Bismarck nahm die Einladung zu einem Besuch im Berliner Schloß an (und wurde von den Berlinern begeistert begrüßt); drei Wochen später machte Wilhelm II. einen Gegenbesuch in Friedrichsruh. Ein politisches Ge-

spräch vermied er bei beiden Begegnungen, ihm kam es nur auf
die Außenwirkung an. So blieb die «Aussöhnung» oberflächlich
und rein formal. Weiterhin mißtraute Wilhelm II. dem gestürzten Kanzler, und dieser änderte nichts an seinem abschätzigen
Urteil über den jungen Kaiser.

Im Herbst dieses Jahres traf Bismarck ein schwerer Schlag:
Bei einem Aufenthalt in Varzin starb am 27. November 1894
Johanna, die treue Gefährtin in guten und schlechten Tagen. Als
sie in den Armen ihrer Tochter Marie sanft entschlafen war, ließ
Bismarck seinen Tränen freien Lauf. Seiner Schwester schrieb
er: «Was mir blieb, war Johanna, der Verkehr mit ihr, die täg-
liche Frage ihres Behagens, die Betätigung der Dankbarkeit, mit
der ich auf 48 Jahre zurückblicke. Und heute alles öde und leer.»
Nach Johannas Tod hat Bismarck Friedrichsruh nicht mehr verlassen. Seine Tochter Marie mit ihren Kindern war jetzt ständig
um ihn; ihr Mann, Kuno von Rantzau, gab seinen Gesandten-
posten in Den Haag auf, um seinem Schwiegervater das Haus
zu führen.

Ehe die Schatten endgültig länger wurden, gab es in diesem
Leben noch einmal einen glanzvollen Höhepunkt. Die Feierlich-
keiten beim 80. Geburtstag am 1. April 1895 nahmen bisher
nicht dagewesene Dimensionen an. Mochte der Reichstag mit
den Stimmen von Zentrum, Freisinnigen, Sozialdemokraten,
Welfen und Polen es auch ablehnen, dem langjährigen Reichskanzler Geburtstagsglückwünsche zu entbieten, so wurde der
Jubilar für diesen Affront reich entschädigt durch ein kaum vor-
stellbares Ausmaß von Sympathiebekundungen und Zeichen
der Anhänglichkeit. Der Altkanzler erhielt fast 10 000 Tele-
gramme, mehrere tausend Pakete, über 450 000 Postkarten und
Briefe (das Postamt in Friedrichsruh mußte in diesen Tagen um
23 Mitarbeiter verstärkt werden). Zu den in dreißig Minister-
jahren erworbenen 45 Ehrenbürgerschaften kamen jetzt 450
weitere hinzu. So viele Abordnungen wollten sich in Friedrichsruh einfinden, daß die Empfänge über Wochen verteilt werden
mußten; sie zogen sich bis in den Sommer hinein. Schließlich
waren es 50 Delegationen, die in 35 Sonderzügen transportiert
wurden. Die imposante Serie von Veranstaltungen hat der Acht-

zigjährige bravourös gemeistert. Alle Abordnungen begrüßte er mit kürzeren oder längeren Ansprachen. Immer wieder machte er dabei auch grundsätzliche Ausführungen. So mahnte er z. B. am 1. April die über 5000 in Friedrichsruh erschienenen Studenten der deutschen Universitäten, nicht leichtfertig aufs Spiel zu setzen, «was wir mühsam unter dem bedrohenden ... Gewehranschlag des übrigen Europa ins Trockene gebracht haben».

Nach dem Veranstaltungsmarathon von 1895 hat der alte Fürst politisch noch ein Mal Furore gemacht. Im Oktober 1896 ließ er – aus welchen Motiven auch immer – in den «Hamburger Nachrichten» die Existenz des streng geheimgehaltenen Rückversicherungsvertrags und dessen Nichterneuerung nach seinem Sturz enthüllen und entfesselte damit ein ungeheures Echo im In- und Ausland. Wilhelm II. wollte im ersten Zorn den Exkanzler wegen Hoch- und Landesverrat auf die Festung Spandau bringen lassen. Fürst Hohenlohe, seit Oktober 1894 Reichskanzler, hatte alle Mühe, den Kaiser zu bewegen, bei der bisherigen Taktik zu bleiben, von Friedrichsruh möglichst wenig Notiz zu nehmen.

Damals ging es Bismarck gesundheitlich bereits sehr schlecht. Der körperliche Verfall schritt rasch voran. Er war jetzt an den Rollstuhl gefesselt, geistig ungebrochen, aber geplagt von Schmerzen aller Art. Resignation und Lebensüberdruß gewannen allmählich die Oberhand. Im Oktober 1897 diagnostizierte Leibarzt Schweninger Greisenbrand im linken Fuß. Unter Aufbietung aller ärztlichen Kunst gelang es, den Brand trocken zu halten und ihn unterhalb des Knöchels zu begrenzen. Bismarck leide an «Podagra», verlautete nach außen. Im Dezember sah er noch einmal den Kaiser, der auf der Fahrt von Kiel nach Berlin in Friedrichsruh kurz Station machte. Wie im Gefolge zynisch bemerkt wurde, wollte er sich selbst überzeugen, wie weit der Altersbrand beim Fürsten vorgeschritten und wann dessen Tod zu erwarten sei. Während Bismarck, geistig hellwach, die Unterhaltung auf ernste Gegenstände zu bringen suchte, wich Wilhelm jedem politischen Thema aus und erzählte einige «alte Kasernenwitze». Nach gut einer Stunde peinlicher Taktlosigkeit fuhr der Kaiser mit seinem Troß weiter.

Anders als bei Moltke, der 1891 einundneunzigjährig schnell und still verschieden war, zogen sich bei Bismarck Krankheit, Leiden und Sterben lange hin. Seine letzten Lebensmonate waren ein einziges Martyrium voll unerträglicher Schmerzen. Der Sekretär und Arzt Dr. Chrysander hielt den Satz fest: «Für mich wird es nur noch einen glücklichen Tag geben: das ist der Tag, an dem ich nicht mehr aufwache.» Dieser Tag kam am 30. Juli 1898. Kurz vor Mitternacht tat er den letzten Atemzug. Die Nation trauerte.

Testamentarisch hatte Bismarck verfügt, er wolle auf einem kleinen Hügel gegenüber dem Friedrichsruher Herrenhaus bestattet werden. So scheiterte des Kaisers Absicht, seinen Widersacher, nun er endlich tot war, in einem «herrlichen Sarkophag» im Berliner Dom an der Seite zahlreicher Hohenzollern beizusetzen. Bei der offiziellen Berliner Trauerfeier in der Kaiser-Wilhelm-Gedächtniskirche blieben die für die Familie Bismarck in der kaiserlichen Loge reservierten Plätze leer. Nach der Errichtung des Mausoleums nahe dem Herrenhaus wurden Fürst und Fürstin Bismarck am 16. März 1899 in der Gruft zur letzten Ruhe gebettet. Die von Bismarck selbst verfaßte und testamentarisch festgelegte Inschrift auf dem schlichten weißen Marmorsarg lautet: «Fürst von Bismarck, geb. 1. April 1815, gest. 30. Juli 1898. Ein treuer deutscher Diener Kaiser Wilhelms I.» In gewisser Weise behält damit der tote Bismarck doch das letzte Wort gegenüber Wilhelm II.

*

Der Mann, dem die Schaffung des Deutschen Reiches gelang, war zweifellos der bedeutendste deutsche Staatsmann des 19. Jahrhunderts – und er ist zugleich höchst umstritten. Nicht nur bei den Zeitgenossen gingen die Meinungen über ihn weit auseinander, auch in der historischen Erinnerung bleibt sein Bild durch scharf kontrastierende Bewertungen gekennzeichnet – anders als bei Spitzenpolitikern des 20. Jahrhunderts wie etwa Konrad Adenauer oder Willy Brandt, bei denen die erbitterten zeitgenössischen Gegnerschaften im Ablauf der Zeit in der kollektiven Erinnerung einem milderen, auf Konsens gestimmten

Urteil Platz gemacht haben. Warum scheiden sich an Bismarck bis heute die Geister? Die Antwort ist in zwei Richtungen zu suchen, zum einen in der unterschiedlichen Bewertung seines «Erbes», zum andern in der Ausformung eines Bismarck-Mythos, der mit dem «wirklichen» Bismarck nur noch wenig zu tun hatte.

Welches «Erbe» hinterließ Bismarck der Nation? Der von der großen Mehrheit der Deutschen begeistert begrüßte kleindeutsche Nationalstaat, wesentlich von Bismarck geschaffen und durch zwei Jahrzehnte konsequenter Friedenspolitik im europäischen Mächtesystem verankert, ist nach den Katastrophen des 20. Jahrhunderts häufig als eine problematische Schöpfung eingestuft worden, denn sie habe das europäische Gleichgewicht destabilisiert. Diese Behauptung geht ebenso in die Irre wie die Ansicht, das Bismarckreich habe sich als ein extrem unstabiles und kurzlebiges Gebilde erwiesen. Gewiß, die Monarchie in Deutschland hat die Niederlage im Ersten Weltkrieg nicht überdauert, wohl aber das Reich; gerade in dessen Bestehen über die Niederlage hinaus sah Stresemann den «Beweis für Bismarcks Werk». Manches, was in den Jahren der deutschen Teilung geschrieben wurde, als der deutsche Nationalstaat ein für allemal erledigt schien, ist inzwischen revisionsbedürftig – denn war es nicht das kleindeutsche Reich von 1871, das 1989/90 die Vorstellung von der Einheit aller Deutschen bestimmt hat? Darin liegt der beste Beweis für die Lebensfähigkeit des staatlichen Gebildes, das Bismarck geschaffen und mit sicherer Hand durch die ersten Jahrzehnte seiner Existenz geführt hat. Trotz territorialer Amputationen im Gefolge zweier Kriegsniederlagen besteht der deutsche Nationalstaat.

Schwerer wird man sich mit dem Urteil über Bismarcks innenpolitisches Erbe tun. Der Reichskanzler war kein Demokrat – das zu sein, hat er nie behauptet –, eine deutsche Demokratie kann ihn füglich nicht als einen ihrer Ahnherren oder Promotoren feiern. Wesentliche Teile der Ziele und Methoden seines innenpolitischen Vorgehens verfallen herben Verdammungsurteilen, der Kulturkampf, die Durchsetzung der Schutzzollpolitik, die rücksichtslose Bekämpfung der Sozialdemokratie. Auch

wenn Bismarck dafür jeweils parlamentarische Mehrheiten gewann, so lag die Initiative und entscheidende Verantwortung
doch fraglos bei ihm, und der harte, oft brutale Umgang mit
dem politischen Gegner hat tiefe Spuren im Bewußtsein vieler
Deutscher hinterlassen. An die negativen Auswirkungen von
Bismarcks politischer Kampfesweise auf die politische Kultur in
Deutschland zu erinnern, wird die Geschichtsschreibung nicht
müde, zumal sie von den geistigen Nachfahren jener Gruppie-
rungen dominiert wird, die zu Bismarck in schärfstem Gegensatz standen, Linksliberalen, Sozialdemokraten, Katholiken. Es
mögen allerdings Zweifel erlaubt sein, ob ein einzelner – und sei
er auch noch so mächtig – die «politische Kultur» eines Zeital-
ters in so maßgeblicher Weise allein zu prägen vermag, wie es
Bismarck oft unterstellt wird. Ähnliches gilt für die Einschätzung von Bismarcks Handlungsspielräumen: Diese waren nicht
so unbeschränkt, wie vielfach angenommen wird. Das läßt sich
im einzelnen nur anhand subtiler Quellenanalyse herausarbei-
ten; viel leichter ist es da, zu pauschalen Behauptungen Zuflucht
zu nehmen. Bei der kritischen Beurteilung von Bismarcks innen-
politischem Erbe sollte zudem nicht dessen Ambivalenz übersehen werden. Zum Bild gehören auch planvolle Modernisie-
rungsmaßnahmen, die Ausbildung einer funktionierenden bun-
desstaatlichen Ordnung und eines modernen Verwaltungsstaats
sowie die ersten Schritte auf dem Weg zum modernen Wohl-
fahrtsstaat durch die Einführung der Sozialversicherung. Hinter
die Behauptung von der Zukunftslosigkeit der von Bismarck ge-
schaffenen inneren Ordnung dürfte ein Fragezeichen zu setzen
sein. Um 1890 bestand in Deutschland, wie Thomas Nipperdey
hervorhebt, ein hohes Maß von europäischer Normalität; man
müsse das in den «Sonderlinien» der deutschen Entwicklung
beachten; Erblast gebe es überall.

«Mythos Bismarck»: Waren die Reaktionen auf die Nachricht von Bismarcks Entlassung recht verhalten, so wurde der
gestürzte Kanzler binnen eines Jahrzehnts zum populärsten
deutschen Staatsmann; die konservativen und nationalliberalen
Eliten idealisierten ihn, weite Kreise verehrten ihn als National-
heros. Der Kult um seine Person nahm nach seinem Tod gewal-

tige Ausmaße an, wobei der Mann und sein Mythos so stark miteinander verschmolzen, daß vom historischen Bismarck nicht mehr viel übrigblieb. Verhängnisvoll war dabei, daß der feinnervige, auf Maß und Mäßigung bedachte Diplomat immer mehr hinter dem Bild des martialischen «Eisernen Kanzlers» in Kürassierstiefeln verschwand und so die Ikone eines rabiaten Nationalismus wurde, dem er zu seinen Lebzeiten ferngestanden hatte. Unzählige Wehr-, Flotten- und Kriegervereine nahmen den Toten monopolistisch für sich in Anspruch, der Alldeutsche Verband erkor ihn zur Symbolgestalt für die eigenen imperialistischen Ziele. War diese Mythisierung schon vor 1914 fatal, so erst recht nach 1918, als die politische Rechte Bismarck hemmungslos für ihren Kampf gegen Republik und Demokratie vereinnahmte und den Bismarck-Mythos zur Delegitimierung des Staates von Weimar einsetzte. Dessen Träger traten der völkisch-nationalistischen Verfälschung von Bismarcks politischem Wirken nicht entschieden entgegen, vielmehr verharrten Linksliberale, Sozialdemokraten und großenteils auch die Katholiken in ihrer tradierten kritischen Bewertung von Persönlichkeit und Leistung Bismarcks. Gegen diese Tendenz stemmte sich vor allem Gustav Stresemann. Er sprach vom «mißverstandenen Bismarck» und berief sich explizit auf das Vorbild Bismarcks bei seiner «nationalen Realpolitik», die im Vertrag von Locarno (1925) und im Berliner Vertrag (1926) ihren deutlichsten Niederschlag fand. Doch seinen Bemühungen um eine Versöhnung von Bismarckerbe und Weimarer Republik war kein durchschlagender Erfolg beschieden. Das Feld beherrschte der Bismarck-Mythos eines bornierten Nationalismus. Erst nach dem Zweiten Weltkrieg konnte Schritt für Schritt der antidemokratische Bismarck-Mythos beiseite geräumt werden.

Wo stehen wir heute? Gewiß geht uns Bismarck nach wie vor etwas an, immer noch übt diese ungemein komplexe Persönlichkeit, bei der neben Licht auch Schatten anzutreffen ist, große Faszination auf die Nachlebenden aus. Aber nachdem die Kämpfe jener Jahre uns nicht mehr unmittelbar bewegen, endgültig Vergangenheit sind, ist die Zeit für eine konsequente Historisierung Bismarcks gekommen. Der Instrumentalisierung im

Dienste dieser oder jener Ideologie ist ebenso eine Absage zu erteilen wie der nicht selten praktizierten Stilisierung Bismarcks zum allmächtigen Übermenschen, den man dann dämonisiert und dem alle Fehlentwicklungen der jüngeren deutschen Geschichte zur Last gelegt werden. Vielmehr gilt es, in einer an den Quellen orientierten unvoreingenommenen Beschäftigung mit Persönlichkeit und Wirken Otto von Bismarcks diesen auf menschliches Maß zu bringen. Man nimmt dem Reichsgründer dadurch nichts von seiner Bedeutung.

Zeittafel

1870	Spanische Thronkandidatur, französische Kammererklärung (6.7.), Emser Depesche (13.7.), französische Kriegserklärung (15./19.7.), Schlacht bei Sedan und Gefangennahme Napoleons III. (2.9.); «Novemberverträge» mit den süddeutschen Staaten: Gründung des Deutschen Reiches
1871	18.1. Kaiserproklamation im Schloß zu Versailles
	28.1. Waffenstillstand
	26.2. Präliminarfrieden von Versailles (10.5. Frankfurter Frieden) Bismarck Reichskanzler, Erhebung zum Fürsten, Schenkung des Sachsenwaldes an Bismarck
1872	Beginn des Kulturkampfes
1873	Dreikaiserabkommen zwischen Wilhelm I., Franz Joseph und Alexander II.
1874	13.7. Attentat auf Bismarck in Kissingen
1875	«Krieg-in-Sicht»-Krise
1878	Attentate auf Wilhelm I., Sozialistengesetz, Berliner Kongreß
1879	Zweibund mit Österreich-Ungarn; Schutzzollgesetze
1881	Dreikaiservertrag (Deutschland, Österreich-Ungarn, Rußland)
1882	Dreibundvertrag (Deutsches Reich, Österreich-Ungarn, Italien)
1883	Beginn der Sozialgesetzgebung: Krankenversicherung (1883), Unfallversicherung (1884), Invaliditäts- und Altersversicherung (1889)
1884/85	Erwerbung von Kolonien in Afrika und in der Südsee
1887	Rückversicherungsvertrag mit Rußland
1888	Dreikaiserjahr: Wilhelm I. † 9.3., Friedrich III. † 15.6., Thronbesteigung Wilhelms II.
1890	Bruch zwischen Wilhelm II. und Bismarck; 20.3. Entlassung Bismarcks
1894	Formale «Aussöhnung» zwischen Bismarck und Wilhelm II.; Tod Johannas (27.11.)
1895	80. Geburtstag Bismarcks mit vielen Feierlichkeiten
1898	30.7. Tod Bismarcks

Literaturhinweise

Das Schrifttum zu Bismarck ist uferlos. Die 1966 erschienene «Bismarck-Bibliographie» (hrsg. von K. E. Born, bearb. von W. Hertel) verzeichnet über 6100 Titel; inzwischen dürfte sich die Zahl verdoppelt haben. Für den Leser kann es nicht hilfreich sein, ihn mit einer auch nur begrenzten Auswahl aus dieser Titelfülle zu konfrontieren. Hier ist Beschränkung geboten. Deshalb werden neben den wichtigsten Quellenwerken lediglich einige leicht zugängliche umfassendere Bismarck-Biographien sowie eine kleine Zahl von Monographien zu einzelnen Problembereichen angeführt.

I. Wichtige Quellenwerke
Bismarck, Die gesammelten Werke, Bd. 1–15, Berlin 1924–1935 («Friedrichsruher Ausgabe»)
Otto von Bismarck, Werke in Auswahl, Bd. 1–8, Darmstadt 1962–1983
Otto von Bismarck, Gesammelte Werke («Neue Friedrichsruher Ausgabe»), Abt. III: 1871–1898, Schriften, bisher 5 Bde. (1871–1883), Paderborn 2004 ff.
Otto von Bismarck, Gesammelte Werke («Neue Friedrichsruher Ausgabe»), Abt. IV: Gedanken und Erinnerungen, bearb. von Michael Epkenhans und Eberhard Kolb, Paderborn 2012
Die Große Politik der Europäischen Kabinette 1871–1914, Bd. 1–6 (1871–1890), Berlin 1922

II. Biographien (in knapper Auswahl)
Engelberg, Ernst: Bismarck. Bd. 1: Urpreuße und Reichsgründer; Bd. 2: Das Reich in der Mitte Europas, Berlin 1985/90
Eyck, Erich: Bismarck. Leben und Werk, 3 Bde., Erlenbach-Zürich 1941/44
Gall, Lothar: Bismarck. Der weiße Revolutionär, Frankfurt usw. 1980
Krockow, Christian Graf von: Bismarck, Stuttgart 1997
Marcks, Erich: Bismarck. Eine Biographie 1815–1851, Stuttgart 1951
Meyer, Arnold Oskar: Bismarck. Der Mensch und der Staatsmann, Stuttgart 1949
Pflanze, Otto: Bismarck. Bd. 1: Der Reichsgründer; Bd. 2: Der Reichskanzler, München 1997/98
Schmidt, Rainer F.: Otto von Bismarck (1815–1898), Stuttgart 2004
Steinberg, Jonathan: Bismarck. Magier der Macht, Berlin 2012
Ullrich, Volker: Otto von Bismarck, Reinbek 1998

III. Studien zu einzelnen Problembereichen
Anderson, Margaret L.: Windthorst. Zentrumspolitiker und Gegenspieler Bismarcks, Düsseldorf 1988
Becker, Otto: Bismarcks Ringen um Deutschlands Gestaltung, hrsg. und ergänzt von Alexander Scharff, Heidelberg 1958
Canis, Konrad: Bismarcks Außenpolitik 1870 bis 1890, Paderborn 2004
Gall, Lothar (Hrsg.): Das Bismarck-Problem in der Geschichtsschreibung nach 1945, Köln/Berlin 1971

Gerwarth, Robert: Der Bismarck-Mythos. Die Deutschen und der Eiserne Kanzler, München 2007

Groepper, Horst: Bismarcks Sturz und die Preisgabe des Rückversicherungsvertrags, Paderborn 2008

Hank, Manfred: Kanzler ohne Amt. Fürst Bismarck nach seiner Entlassung 1890–1898, München 1977

Heidenreich, Bernd u. a. (Hrsg.): Bismarck und die Deutschen, Berlin 2005

Hildebrand, Klaus: Das vergangene Reich. Deutsche Außenpolitik von Bismarck bis Hitler 1871–1945, Stuttgart 1995

Hillgruber, Andreas: Bismarcks Außenpolitik, Freiburg ³1993

Janorschke, Johannes: Bismarck, Europa und die «Krieg-in-Sicht»-Krise von 1875, Paderborn 2009

Kolb, Eberhard: Der Weg aus dem Krieg. Bismarcks Politik im Krieg und die Friedensanbahnung 1870/71, München 1989

Kunisch, Johannes (Hrsg.): Bismarck und seine Zeit, Berlin 1992

Pflanze, Otto (Hrsg.): Innenpolitische Probleme des Bismarck-Reiches, München 1983

Ritter, Gerhard A.: Bismarck und die Entstehung der deutschen Sozialversicherung, Pforzheim 1998

Röhl, John C. G.: Wilhelm II., Bd. 2 (1888–1900), München 2001

Schieder, Theodor/Deuerlein, Ernst (Hrsg.): Reichsgründung 1870/71. Tatsachen, Kontroversen, Interpretationen, Stuttgart 1970

Stern, Fritz: Gold und Eisen. Bismarck und sein Bankier Bleichröder, Frankfurt/Berlin/Wien 1978

Ausführliche Informationen zu Bismarck und seiner Politik im Kontext der Zeit bieten auch neuere Gesamtdarstellungen. An erster Stelle zu nennen: Thomas Nipperdey, Deutsche Geschichte 1866–1918, Bd. 2: Machtstaat vor der Demokratie, München 1992.

Ferner: Walter Bußmann, Das Zeitalter Bismarcks, Konstanz ⁴1968; Ernst Rudolf Huber, Deutsche Verfassungsgeschichte seit 1789, Bd. 2 und 3, Stuttgart 1960/63; Heinrich Lutz, Zwischen Habsburg und Preußen, Deutschland 1815–1866, Berlin 1985; Wolfgang J. Mommsen, Das Ringen um den nationalen Staat. Die Gründung und der innere Ausbau des Deutschen Reiches unter Otto von Bismarck 1850 bis 1890, Berlin 1993; Michael Stürmer, Das ruhelose Reich. Deutschland 1866–1918, Berlin 1983; Volker Ullrich, Die nervöse Großmacht 1871–1918. Aufstieg und Untergang des deutschen Kaiserreichs, Frankfurt/M. 1997; Hans-Ulrich Wehler, Deutsche Gesellschaftsgeschichte, Bd. 3: 1849–1914, München 1995.

Personenregister